社区应急指导手册

SHEQU YINGJI ZHIDAO SHOUCE

国家减灾委员会办公室 指导
应急管理部国家减灾中心 编写

地震出版社

图书在版编目（CIP）数据

社区应急指导手册 / 应急管理部国家减灾中心编写 .
— 北京：地震出版社，2020.7（2023.9重印）

ISBN 978-7-5028-5197-2

Ⅰ. ①社…　Ⅱ. ①应…　Ⅲ. ①社区 — 突发事件 — 应急对策 — 手册　Ⅳ. ① C916.2-62

中国版本图书馆 CIP 数据核字（2020）第 112994 号

地震版　XM5599/C（5917）

社区应急指导手册

应急管理部国家减灾中心　编写

责任编辑：董　青

责任校对：刘　丽

出版发行：地震出版社

北京市海淀区民族大学南路9号　　邮编：100081

发行部：68423031　　传真：68467991

总编办：68462709　68423029　　传真：68455221

http: //seismologicalpress.com

经销：全国各地新华书店

印刷：河北文盛印刷有限公司

版（印）次：2020年7月第一版　2023年9月第9次印刷

开本：880 × 1230　1/32

字数：84千字

印张：3.375

书号：ISBN 978-7-5028-5197-2

定价：21.00元

前言

PREFACE

我国是世界上自然灾害最为严重的国家之一，灾害种类多，分布地域广，发生频率高，造成损失重，这是一个基本国情。同时，我国各类事故隐患和安全风险交织叠加、易发多发，影响公共安全的因素日益增多。

习近平总书记在主持中共中央政治局第十九次集体学习时强调，要坚持群众观点和群众路线，坚持社会共治，完善公民安全教育体系，推动安全宣传进企业、进农村、进社区、进学校、进家庭，加强公益宣传，普及安全知识，培育安全文化，开展常态化应急疏散演练，支持引导社区居民开展风险隐患排查和治理，积极推进安全风险网格化管理，筑牢防灾减灾救灾的人民防线。针对新冠肺炎疫情防控工作，习近平总书记多次强调，社区是疫情联防联控的第一线，要把社区居民发动起来，构筑起疫情防控的人民防线。

九层之台，起于垒土。基层基础是推进应急管理体系和能力现代化的前提。社区是社会的基本单元，也是灾害事故的直接承受单位和第一响应单位。广泛发动群众、依靠群众，整合资源、统筹力量，切实提升社区应急管理能力和水平，才能从源头上防范、化解群众身边的安全风险，真正把问题解决在萌芽之时、成灾之前。

社区应急工作需要充分发挥基层党组织的作用，综合协调多元主体参与，具有一定的专业性和协同性。鉴于此，我们参考相关政策性文件，借鉴各地社区应急管理工作实践智慧和国际经验，组织各方专业力量，从组织建设、日常管理和应急处置三个方面编制本手册，供社区工作人员参考和借鉴。同时，本手册也有待于在实践中进一步检验，希望得到社会各界的意见反馈。

编写组

2020 年 3 月

CONTENTS

目录

一

CHAPTER ONE

组织建设

1　组织架构

2　岗位职责

3　协调机制

当前，我国正在推动完善党委领导、政府负责、民主协商、社会协同、公众参与、法治保障、科技支撑的社会治理体系，健全党组织领导的自治、法治、德治相结合的城乡基层治理体系。社区是连接政府和社会的有效纽带，也是应急管理体系的基础。组织建设是社区各项应急管理和服务工作开展的基石。社区要做好前期评估，找准自身定位，建立“小而灵”的组织架构和工作机制。“小”是指规模小，“灵”是指灵活机动。

社区开展各项应急管理和服务工作

1 组织架构

在社区层面，应急管理能力建设目标通常可以分为三类：

◇基础能力（管理能力）：领导指挥能力，组织宣传能力，协调整合能力，信息搜集报告能力。

◇核心能力（技术能力）：自救互救能力（防灾避险意识、自我救护能力、共助互救能力），应急抢险能力（监测预警、应急准备、先期处置和协助救援等能力），恢复重建能力（恢复能力、规划发展能力）。

◇其他相关能力：创新能力、政策建议能力等。

根据上述能力要求，应成立符合社区实际情况的应急管理工作小组，主要负责本社区防灾减灾救灾、安全生产工作，将社区应急管理能力建设与社区治理、网格化管理和公共服务等有机结合起来，实现统筹发展。基本组织架构包括：组长、预警发布组、转移安置组、隐患排查组、医疗救护组、物资保障组、信息报告组、治安交通组、宣传教育组等。这些基础职能岗位由社区全职工作人员兼任，积极动员社区党员干部群众、群团组织和社会组织人员、社工机构

谋划基层防灾减灾工作

人员以及应急志愿者参与。社区可以根据自身实际设置职能岗位，增减岗位职责，进行人员配置调整。同时，社区需大力发挥基层党组织战斗堡垒作用和党员先锋模范作用，特别是要动员社区党员、楼栋长、居民代表和社区辖区内学校、医院、企事业单位代表、专家学者等参与建设，注重发挥具有医疗、教育、应急等专业技能的居民，以及挂职干部、大学生村官、支教教师等在社区应急管理工作中的作用。

此外，社区应建立一支经过培训的、有组织的社区综合应急救援队伍，并配备适合当地情况的救援装备，承担日常风险防范和应

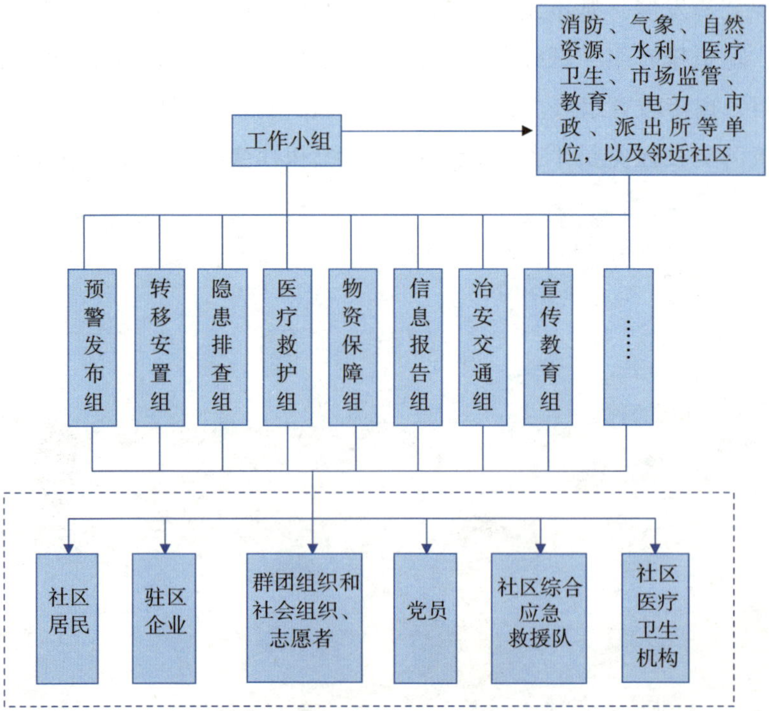

应急管理工作小组组织架构图

急救援任务。社区综合应急救援队能够在第一时间进行响应，协助专业救援人员开展工作，保护社区居民生命财产安全。为保证社区综合应急救援队建设的常态化和社会化，队伍应由社区党支部委员会和社区居民委员会（社区两委）组建管理，动员和吸纳党员、社会力量广泛参与。社区综合应急救援队由社区应急管理工作小组直接管理，协助开展全辖区的预警发布、转移安置、隐患排查、医疗救护、防灾减灾宣传教育和大型活动保障等工作。

2 岗位职责

组长：一般由村 / 社区党支部书记或主任担任。非灾时期，负责日常管理全面工作；灾害事故发生时，作为指挥负责应急处置工作。具体工作包括：

◇制订社区应急管理预案，建立社区协调联动机制，与当地应急管理等单位以及邻近社区建立联动机制，与社会力量、市场主体等建立救援协同机制。

◇组建并启动应急处置指挥团队，确定相关人事安排。

◇启动并指挥社区综合应急救援队。

◇评估灾情，并根据预案制订应急处置行动方案。

◇根据国家法律法规规定，对社区居民和媒体发布灾情和响应信息。

◇负责和政府相关部门对接，汇报应急处置和风险防范工作进展情况。

预警发布组主要工作包括：

◇根据预警发布制度及时发布预警信息。

◇协助制订应急预案相关内容。

◇协同隐患排查组对社区有关灾害风险情况进行全面核定。

◇灾害事故发生后，协同信息报告组开展相关灾害信息的获取和报送工作。

◇做好相关文档记录和资料管理工作。

隐患排查组主要工作包括：

◇定期开展灾害事故风险评估、隐患排查及日常管理工作。

◇在地质灾害隐患点设置警示标识，并加强日常监测。

◇制订安全行动手册，确保社区救援人员安全。

◇灾害事故发生后，协同信息报告组开展动态灾情获取和评估工作。

◇做好相关文档记录和资料管理工作。

转移安置组主要工作包括：

◇灾害事故发生后，负责组织协调群众疏散转移，引导群众自救互救，及时向应急管理工作小组汇报转移安置工作情况。

◇协助开展群众的善后和灾后重建工作。

◇协助制订应急预案相关内容。

◇协助管理社区应急避难场所及设施设备。

◇做好相关文档记录和资料管理工作。

医疗救护组主要工作包括：

◇灾害事故发生后，对受伤居民开展院前医疗处置。

◇开展社区公共卫生防疫的日常监测，协助和参与制订应急预案相关内容。

◇配合宣传教育组，组织开展简单医疗、自救互救培训和科普宣传教育活动。

◇做好相关文档记录和资料管理工作。

物资保障组主要工作包括：

◇灾害事故发生后，调动提供必要的应急物资和救援设备，并开展后勤保障工作。

◇开展社区物资储备的日常管理维护和更新工作，并与社区内及邻近超市等企业建立协议储备机制。

◇协助制订应急预案相关内容。

◇做好相关文档记录和资料管理工作。

信息报告组主要工作包括：

◇灾害事故发生后，及时准确获取、核定并向上级灾情管理部门报送相关灾害信息，并对灾情进行分析评估。

◇协助制订应急预案相关内容。

◇配合开展社区隐患排查治理，进行灾害事故风险网格化管理。

◇做好相关文档记录和资料管理工作。

治安交通组主要工作包括：

◇灾害事故发生后，负责灾区的治安管理、交通管制和安全保卫工作。

◇负责社区日常治安管理、交通管制，维护社区稳定。

◇协助制订应急预案相关内容。

◇配合宣传教育组，组织开展交通安全等相关科普宣传教育培训和活动。

◇做好相关文档记录和资料管理工作。

宣传教育组主要工作包括：

◇面向社区居民，组织开展符合当地特点的应急自救互救培训和科普宣传教育活动。

◇组织开展多主体参与的应急演练。

◇配合开展社区隐患排查治理，进行灾害事故风险网格化管理。

开展基层防灾减灾宣传

3 协调机制

建立和完善多方参与的社区应急管理协调机制是社区应急管理工作的重要内容。

建立外部协调机制。社区应急管理工作小组应与当地应急管理、消防、气象、自然资源、水利、医疗卫生、市场监管、教育、电力、市政、派出所等单位以及邻近社区在人力资源、物资保障、信息数据等方面建立协调联动机制。在日常管理中，应通过协同组织宣传教育和培训活动、联合开展风险排查与隐患治理、联合开展应急演练等方式加强互动协作，增进了解并不断完善机制。

完善内部协调机制。应急管理工作小组下设各职能工作组相互之间应建立有效的互联互通、协同联动、共建共治机制，加强小组成员的专业能力培训，通过制订预案、开展演练等方式不断提升应急能力，并在社区风险管理和应急救援实践中不断磨合机制，提升应急管理工作小组整体的凝聚力与战斗力。

二

CHAPTER TWO

日常管理

1 风险排查

风险排查是社区灾害风险管理的重要环节和工作内容，为灾害事故预防和应急管理工作提供可靠的灾害风险信息和科学决策依据。风险排查需要专业人士、相关单位技术人员及社区居民代表的参与。如果需要排查的范围较大或灾种较多，可进行适当分组。

1）制订计划

在进行实地风险排查前，需要开展评估并制订计划。工作小组需要就社区基本情况、灾害事故的主要类型、灾害治理现状等信息与排查小组成员进行分享，专业人士还需要就相关灾害事故的特征、常见风险点、处置措施等对排查小组进行必要的培训讲解。如果是第一次举行社区风险排查，社区要组织排查小组参与梳理、研讨社区灾害风险的现状，包括：

◇社区基本情况：户数、人口、面积、习俗、家庭收入概况等。

◇社区灾害事故大事记：时间、类型、灾情统计、灾后应对及恢复情况。

◇社区主要面临的灾害风险、隐患点情况。

◇社区现有应急预案情况：是否有，什么类型，如何制订的，主要内容，知晓程度，是否有演练等。

◇上级政府单位的应急预案中关于社区部分的内容。

◇社区内已确定的应急避难场所，可用的应急资源基本情况。

对社区主要灾害事故类型的评估可以按照如下框架展开：

灾害事故类型	可能发生时间	可能性	主要隐患点 / 风险区域	潜在灾损	危害程度	综合影响排序

◇灾害事故类型：指社区面临的各种突发事件类型，包括各种自然灾害、事故灾难、公共卫生事件、社会安全事件等。

◇可能发生的时间：例如火灾的高发时间在冬春季节，台风等气象类灾害的高发季节通常相对固定，有些路口的交通事故容易在大雾天气的清晨发生等。

◇可能性：指该类灾害事故在社区发生的可能性，可以按照“非常大、大、中等、小、非常小”来填写。

◇主要隐患点 / 风险区域：例如农村火灾容易在老旧木结构房屋中发生；城市内涝对低洼地带、地下停车场等的危害最大。

◇潜在灾损：指该类灾害事故发生可能导致的潜在灾害事故损失，包括人员伤亡、固定资产损失、社区封闭（传染病疫情等造成）、建筑坍塌等，可能的情况下尽量明确损失范围、数量级等。

◇危害程度：指该类灾害事故真实发生的情况下，或多年统计下，对社区造成危害的严重程度，可以按照“非常严重、严重、普通、轻微、非常轻”来填写。

◇综合影响排序：综合各项指标，对社区内可能发生的所有灾害事故类型进行影响排序，排序结果确定社区应重点准备的灾害事故类型，也是风险排查要重点关注的灾害事故种类。

以下是可供参考的填写范例：

灾害事故类型	可能发生时间	可能性	主要隐患点/风险区域	潜在灾损	危害程度	综合影响排序
火灾	11月—次年3月	非常大	木质结构房屋/××小区（私拉线路进行电动车充电）	人员伤亡、固定资产损失	非常严重	1
地震	不可预计	小	所有老旧房屋、××工地的吊塔及临时建筑、村集体的蓄水池	人员伤亡、固定资产损失	非常严重	2
泥石流	5—9月	中等	××山沟及沿岸村民小组	人员伤亡、庄稼损毁	严重	3
病原性人畜传染病	冬春季节相对更易发生，整体不可预计	小	露天摆酒宴、学校/幼儿园等食堂、野生菌采食、养殖场/户等	人员病亡、社区封闭	严重	4
交通事故	大雾天气	大	××路段急拐弯处	人员伤亡、车辆损毁	普通	5
旱灾	3—5月	中等	全社区	饮用水干涸、庄稼干旱	轻微	6
雪灾	12月—次年1月	小	竹林、庄稼	竹林、庄稼受损	轻微	7
……						

2）实地排查

风险排查小组开展实地风险排查时应划片区分组，并按计划分步骤逐步开展。实地风险排查的主要任务包括：发现并核实社区风险隐患，统计并记录既有风险标识和应对资源的现状，检查疏散通道是否通畅，核查并更新脆弱人群、设施及资源清单，征集社区居民对灾害风险管理的意见和建议等。

由于不同灾害风险往往具有较大差异，其应对策略也不尽相同，所以日常社区风险排查也经常按灾种不同，邀请不同的专业人士、相关单位技术力量有针对性地开展特定灾种的风险排查。常见灾害风险排查的注意事项如下表：

主要灾害事故类型	社区风险排查要点
地震	○ 断裂带上是否有违规建筑或设施 ○ 老旧建筑及附属设施（围墙、临时建筑、外装饰等）的危害性及范围 ○ 易倾倒、跌落家具，广告牌，悬空设施 / 玻璃等是否清楚及是否得到加固 ○ 临时建筑、工地等高危场所是否有易倾倒 / 垮塌设施 ○ 疏散通道是否堵塞 ○ 应急避难场所的通道是否畅通，应急设施是否保存完好并及时更新 ○ 脆弱家庭的备灾是否完备，帮扶志愿机制是否建立及是否还有效 ○ 地震疏散指示牌是否完好
火灾	○ 疏散通道及消防通道是否畅通 ○ 是否有私拉电线、电动车违规充电的情况 ○ 变压器等脆弱设施是否存在风险，是否存在线路老化或超负荷现象 ○ 消防栓、灭火器等消防设施是否完好 ○ 是否有新增火灾高危场所、设施等 ○ 是否有火灾易发的生产厂商 / 企业，其防火措施 / 管理机制是否健全 ○ 木结构房屋、酒吧、网吧等场所是否存在消防管理漏洞
洪涝灾害	○ 河堤、排水渠、下水道、拦水坝等设施是否完好 ○ 低洼地带是否存在车辆随意停放、临时建筑搭建等情况 ○ 是否有建筑、临时设施等堵塞泄洪河道的情况 ○ 洪涝淹没区是否存在违规电力设施、建筑垃圾等倾倒现象 ○ 公共设施是否有洪灾时漏电风险 ○ 排洪区域是否存在违规作业（挖沙、非法建筑等）的现象 ○ 老旧桥梁等建筑设施是否存在风险
地质灾害	○ 地质灾害监测点是否出现异常现象（树木倾斜、检测标识异常、裂缝增大、有落石 / 地下水浑浊等现象） ○ 泥石流易发河道是否存在堵塞、违规建筑等情况 ○ 受地质灾害影响路段、房屋是否有足够的防护设施及管理机制 ○ 疏散路线是否畅通 ○ 应急避险点是否完好

续表

主要灾害事故类型	社区风险排查要点
台风	○ 老旧建筑及附属设施（围墙、临时建筑、外装饰等）是否有危害性 ○ 高层建筑、广告牌等是否有易倾倒及跌落风险 ○ 临时建筑、工地等高危场所是否有坍塌风险 ○ 室外疏散通道是否堵塞 ○ 室内应急避难场所的设施是否完善 ○ 排水沟、河堤等是否通畅完好
病原性传染病	○ 是否存在野生动物交易 / 抓捕 / 食用的现象 ○ 环境卫生是否存在死角，垃圾 / 下水道等管理是否有漏洞 ○ 是否存在假冒伪劣食品加工 / 交易的现象 ○ 餐厅 / 学校食堂等卫生是否达标，食材有无腐败 / 存放不妥
交通事故	○ 交通事故易发路段的标识牌 / 红绿灯 / 路障设施等是否完善 / 合理 ○ 易结冰路面是否有结冰现象 ○ 停车场的管理设施及机制是否完善，是否存在隐患点 ○ 易发生事故路段的执勤 / 协管志愿者是否有风险

注意事项：

①安全第一。所有排查工作要在保障安全的情况下开展，尤其是在进行线路排查、高空排查、交通事故高发地段及社会治安相对混杂地段排查时，一定要有专业人员带队，并且队伍中需要设置专门的安全员。排查小组要开展团队协同，不能单独行动。

② 认真记录。指定专人负责，通过文字、影像等方式进行记录并整理。

3）社区应急资源统计表单

第一次进行社区风险排查时，需完善各种社区灾害事故应对资源的统计，在之后的风险排查中只需要对这些表单的信息进行更新即可。

（1）应急指示标识牌统计。

地点	标牌类型	现状	需求
××× 弯道	注意弯道	缺少	标牌 2 块，双向标识
××× 隐患点	×× 隐患点	已有标牌已经破损	新制标牌 1 张替换
××× 应急避难广场	应急避难广场方向指示牌	只有应急避难广场标牌	缺少方向指示牌 ××× 个
……			

（2）社区综合应急救援队队员职责及分工。

职务	姓名 / 职责	联系方式
队长		
……		

（3）医疗急救资源统计。

姓名	住址	电话	专业特长简述

（4）社区志愿者团队统计。

志愿者团队职务	姓名	住址	电话	专业特长简述

（5）驻区企业和商户统计。

姓名	职务	地址	电话	经营领域简述

（6）交通及运输资源统计。

姓名	车型	车牌号	地址	电话
	巴士			
	大型运输车辆			
	工程车辆			
	……			

（7）其他社区资源统计。

内容描述	地址和电话	相关信息

2 社区风险地图绘制

社区风险地图通过图像标识把风险、灾害事故、救助等信息反映在地图上，将灾害风险视觉化、形象化，展现社区风险及安全场所，以达到提高公众安全意识、减轻风险的目的。

在进行充分的社区风险排查工作后，应根据其结果绘制社区风险地图。社区风险地图的绘制需要社区居民的参与，通过组织小组式的参与讨论开展。社区风险地图既可人工绘制，也可数字化绘制。数字化绘制的社区风险地图可以增加脆弱人群分布、脆弱设施分布、运输资源分布、商业资源分布等更多社区风险排查、隐患治理的信息，并实现图层管理及动态管理。

社区风险隐患示例图

1）社区风险地图绘制的一般步骤

绘制社区风险地图总体来说分为四个步骤：绘制前的风险排查、绘制前的筹备、绘制地图、地图成图。

第 1 步： 绘制前的风险排查。在绘制地图前进行实地观察，排查风险隐患，整理收集到的灾害信息，并且明确社区及周边的重要建筑及可利用的资源，评估灾害事故发生的可能性、危害性等。

第 2 步： 绘制前的准备。由社区应急管理工作小组中的预警发布组、隐患排查组负责与其他相关人员共同开展筹备工作，确定绘制底图、绘制内容、绘制方法、绘制规范，同时准备绘制地图所需要的基本工具等。

第 3 步： 绘制地图。绘制地图可以遵循以下几个环节：居民分组、开展培训、分组讨论、现场核查、分组绘制地图、成果汇总、总结回顾。

第 4 步： 地图成图。由社区应急管理工作小组相关人员与参与绘制的社区居民共同商定成图形式及后期管理工作等，并按照商定后所达成的共识执行。

2）社区风险地图标示信息

社区风险地图至少应标示如下信息：

◇灾害事故隐患标示：灾害隐患点的标示除了断裂带，还可以用不同底色的方式标示潜在的影响范围，例如洪灾用红色线条突出隐患点河段；存在火灾隐患的农房用红色圆点标示；交通隐患点用车辆相撞的图标标示；老旧农房（可能是下次地震的隐患点）用黄色圆点标示。

◇脆弱易损设施标示：主要指区域范围存在的固有的易受损区域，包括学校、幼儿园、变压器、卫生室、水库等脆弱设施。例如极端风险房屋可用红色标示；高风险房屋可用橙色标示；中风险房屋可用黄色标示；低风险房屋可用绿色标示。

◇应急资源标示：社区应急避难场所可用相应图标标示出所在位置以及大小和形状；车辆、挖掘机、小卖部等社区资源可用相应图标标示；安全逃生路线可用蓝色线条突出显示。

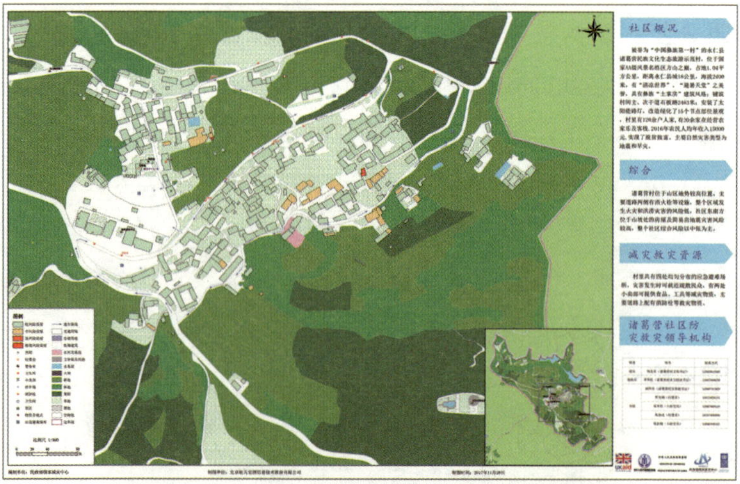

云南省永仁县诸葛营社区综合灾害风险图

◇疏散路线标示：不同灾害事故类型的疏散路线或有不同，需要针对不同灾害事故类型绘制专门的风险地图。

3 隐患治理

隐患治理是减轻灾害事故风险的关键步骤。对于风险排查中发现的隐患，要先进行科学分类，再有针对性地进行治理。隐患治理工作需要社区全员的参与和配合。

1）隐患分类

通过风险排查确定的社区灾害事故隐患通常可以分为四类：

◇需工程类治理的隐患：需要通过工程性措施进行治理的隐患，如地质灾害点的工程治理、河堤修葺、老旧建筑排危等。

◇需健全管理的隐患：容易排除并通过加强管理的方式治理的隐患，如封闭的疏散通道、损坏/缺失的标识牌等公共场所/设施的隐患。

◇涉及居民家庭的隐患：需要动员居民/单位参与完善/改变的隐患，如完善家庭备灾、更换老旧线路、杜绝私拉线路用于电动车充电等深入居民/单位等私有领域的隐患。

◇其他隐患：如输入性疫情隐患、区域性重大事故灾害等。

2）治理方法

（1）需工程类措施治理的隐患，社区通常不能独立完成这类隐患的治理，需要向上级相关单位汇报，争取公共资源并动员社区资源配合治理工程实施。

（2）需健全管理的隐患，其治理是社区应急管理的重要日常工作之一，可以划分任务模块，由社区综合应急救援队队员协助专门人员进行管理。很多管理类隐患治理工作涉及驻区企业及商户、物业、业委会、小区居民、企事业单位等多方利益群体，需要多方协同管理。常见的管理类隐患治理方法有：

◇脆弱设施的维护：例如变电器、河堤、水电设施等，社区应与相关单位取得联系，共同确定方案并落实实施。

◇地质灾害隐患点的监测：社区需要对隐患点监测员提供充足的支持，并由社区综合应急救援队队员在必要的情况下协助监测员开展监测工作。

◇公共卫生的监测管理：如疫情监测、环境卫生管理、公共场所消杀、食品卫生检查检测等，通常需要在必要的情况下及特殊时期协助相关单位进行监测管理。

◇交通事故易发路段/路口的监管：如对学校门口路段在上学、放学期间的监管，对易结冰路段的清理，对大雾天气急拐弯路段的监管等，在特定期间也需要与相关单位协同管理。

◇疏散通道/消防通道的管理：通过与相关单位技术人员的确认，合理确定疏散通道/消防通道的范围，由社区综合应急救援队队员协助物业、业委会、居民等进行多方协同管理。

◇应急避难场所及标识牌管理：确定的应急避难场所应按规划完善标识牌系统建设，并与业主方及管理方（如公园、体育馆、学校、驾校等）达成协同管理的方案。

（3）涉及居民家庭的隐患，其治理是一项挑战性强、涉及面广、周期长的工作，需要社区全员参与。在很多情况下，工作人员需要进入居民住所、办公场所、经营场所、厂房、田地等私人领域开展工作，例如固定家用和办公家具、更换老旧电路、禁止私拉线路或私人接线为电动车充电等，这需要利益相关方的大力配合和协助。社区可以联手志愿者和社会组织，定期对公众进行宣传教育，推动社区风险防治共治和自治。

（4）其他隐患，涉及社区周边及所在地区域性的风险隐患，需要与周边社区、上级主管单位等开展协同治理，并完善社区自身的此类风险应急预案。

4 脆弱人群管理

社区应急管理中的脆弱人群通常包括老年人、儿童、残障人员、病患者、孕妇等人群。在特殊情况下，普通居民也可能成为脆弱人群，如因各种原因不得不常年居住在地质灾害隐患点范围内的所有居民，都属于该地质灾害隐患的脆弱人群，又如居住在老旧建筑内的居民，属于社区的火灾、地震、风雹等灾害事故的脆弱人群。

1）社区脆弱人群统计

在开展社区风险排查时，通常需要对包括老年人、儿童、残障人员、病患者、孕妇在内的脆弱人群进行统计（参见下表）。同时，对脆弱人群应进行动态监测管理，每次风险排查都需要分工进行统计信息的更新。

姓名	电话	地址	特殊需求

2）帮扶措施

通常由社区综合应急救援队队员协助社区两委、网格员、物业公司/业委会等对脆弱人群进行结对帮扶。措施既包括突发状态下在疏散、安置等事项上的帮扶，也包括向脆弱人群发放应急明白卡，明确社区安全隐患及防范措施，注明社区应急联系人和联系方式，协助有脆弱人群的家庭制订家庭应急预案，并积极推动家庭备灾。

5 外来务工人员管理

外来务工人员及其家属不熟悉社区环境条件，不掌握社区灾害风险、脆弱设施、应急资源等情况，比较容易成为突发事件发生时的脆弱人群。但外来务工人员也是社区新的突发事件应对力量，部分热心公益志愿服务、有特长有资源的人，能为社区应急管理提供助力。

1）外来务工人员管理

（1）登记管理。

社区对外来务工人员的管理主要有登记、告知、备案、动员参与等事项。对外来务工人员的登记信息应提交当地公安机关、应急管理部门备案，备案更新时间以社区应急预案修订时间为准，或与相关单位沟通确定。

外来务工人员登记管理实际执行难度较大。社区可以通过用工单位、房东/房屋租赁机构等协同公安机关加强对外来务工人员的登记管理。从社区应急的角度，对外来务工人员的登记管理可参照下表。如果能够建立外来务工人员档案，还可以登记籍贯信息、民族信仰、血型、过敏史、工作单位及联系人、外出交通方式、在社区居住年限及计划等更多内容。

姓名	身份证号	居住地址	健康状况（过敏史）	紧急联系人	职业 / 特长	是否愿意成为应急志愿者	联系方式

（2）公开应急告知书。

对外来务工人员的应急告知书除了在公开栏、社区生活应用小程序（APP）、社区网站等处公开外，还可以通过用人单位、房东 / 房屋租赁机构等以纸质版的方式发放至外来务工人员手中。应急告知书应包括社区常见灾害事故类型、应急避险办法、疏散路线、应急避难场所、家庭备灾清单、紧急救助电话等信息。

2）外来务工人员参与共建共治

社区综合应急救援队队员协助社区积极动员外来务工人员参与社区应急共建共治，包括加入社区综合应急救援队，参加防灾减灾培训、参与社区应急志愿服务等。视情况将外来务工人员的子女、家人等纳入社区应急预案的统筹管理范围。

6 应急预案管理

应急预案的编制通常基于充分的社区风险排查、风险图绘制及脆弱人群 / 设施、灾害事故应对资源等的调查统计。在此基础上，社区邀请社区综合应急救援队、社会力量组织和社区居民代表参与研讨、制订社区应急预案的启动程序、响应流程、演练方案等内容。

编制和完善应急预案

1）应急预案的内容

社区级应急预案通常包括不同灾种类型/隐患点的专项预案和社区综合应急救援队的综合响应预案两类。它们都有相似的内容结构：

◇修订记录、前言、目录：修订记录应包括修订时间、修订人、修订内容等。

◇基本情况：社区的地理位置、人口信息、交通、社会经济基础等基本情况概述。

◇组织架构：明确指挥协调、预警预报、隐患排查、转移安置、物资保障、信息报告、医疗救护等组别职能和分工。

◇风险评估：社区常见灾害风险评估、脆弱人群统计、脆弱设施统计，以及结对帮扶责任分工。

◇社区风险地图：标注社区主要灾害风险、应对资源、应急避难场所、疏散路线等信息。

◇预警发布：明确预警信息发布方式和渠道，便于居民接收。

◇预案启动：明确启动预案的条件和程序。

◇主要应急响应流程：明确不同突发事件、不同灾害事故损失情况下的应急响应流程。

◇应急演练方案：明确应急预案的演练方式、频次、组织方式等。

◇社区可用资源：统计社区综合应急救援队及其他应急人员的信息、可用商业资源信息、运输资源信息及其他社区应急资源信息。

◇通信：应急状态下的通讯方式及信息系统约定。

◇预案维护与回顾及附件。

2）不同灾害事故 / 隐患的应急响应流程

灾害事故应急响应流程的制订可通过开展桌面演练的方式完成。假设某种灾害事故发生，或某处灾害事故隐患发生险情，社区综合应急救援队组织社区居民代表，协同相关单位开展桌面推演，然后进行复盘和总结，即可梳理出该灾害事故 / 隐患的应急响应流程。其中，针对灾害事故隐患点的应急响应流程制订，一般建议通过受该隐患影响的居民代表开会推演，以解决一些核心问题，如：

◇谁负责日常隐患点监测。

◇在灾害事故易发季节 / 时段，哪些人如何轮流进行日常监测。

◇一旦发现险情特征，如何告知所有人。

◇每一位脆弱居民的避险分别由谁负责照顾。

◇临时避险点和过渡安置点分别在哪里，以及日常如何维护。

◇…………

以下是常见灾害事故的应对流程参考。

气象类和地质类灾害的社区应对流程

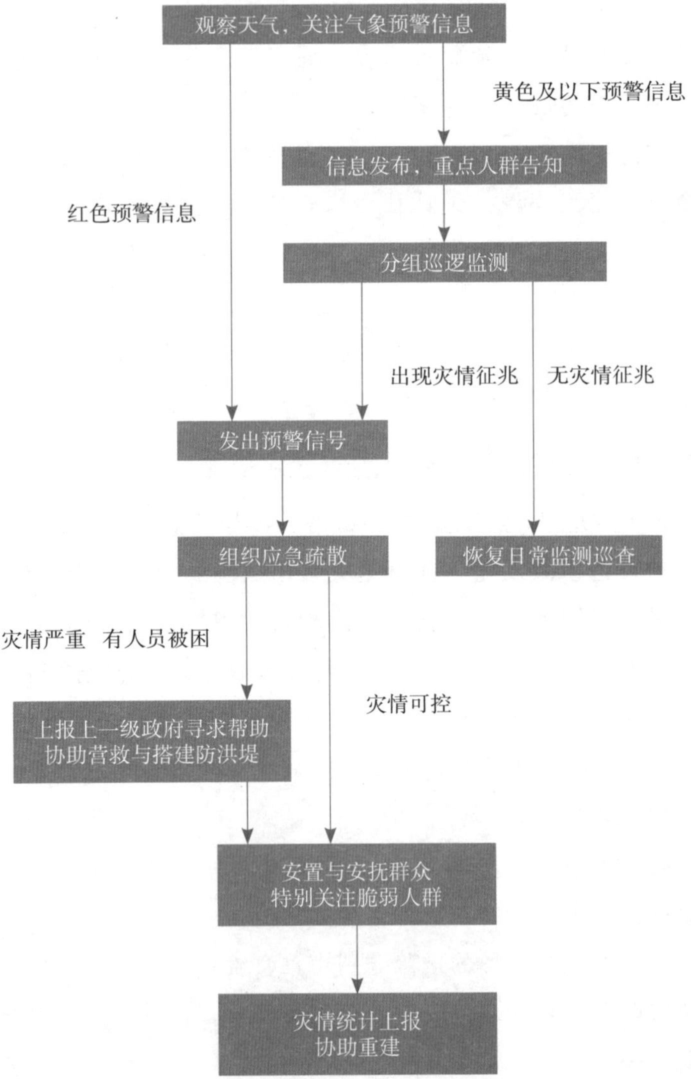

火灾灾害的社区应对流程

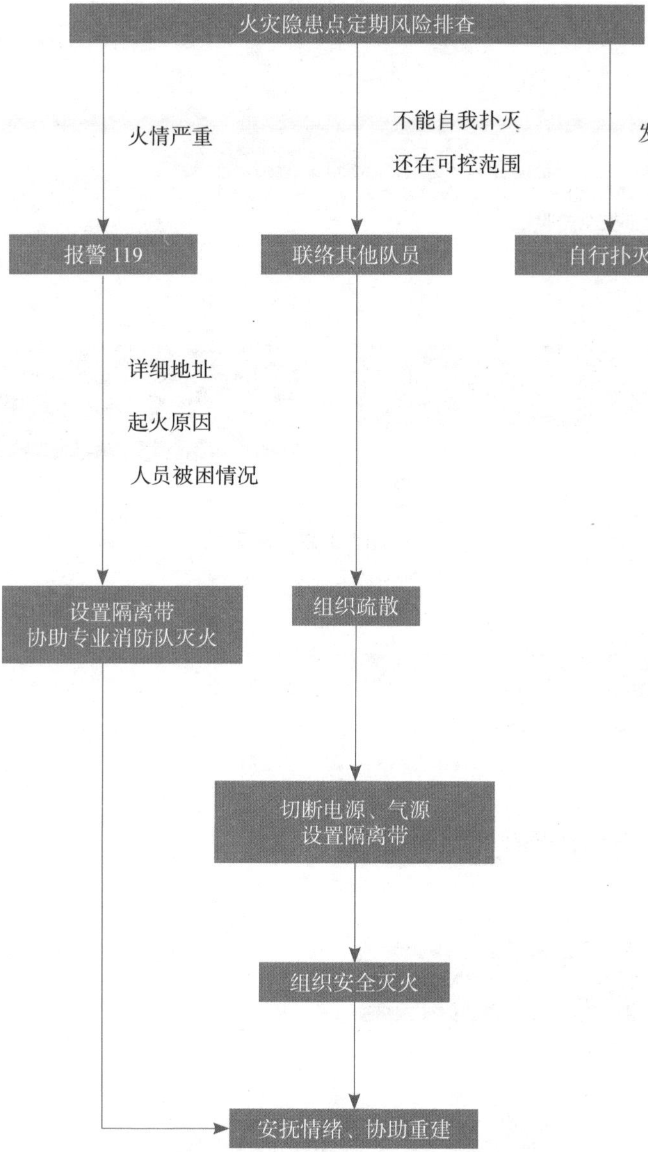

地震灾害的社区应对流程

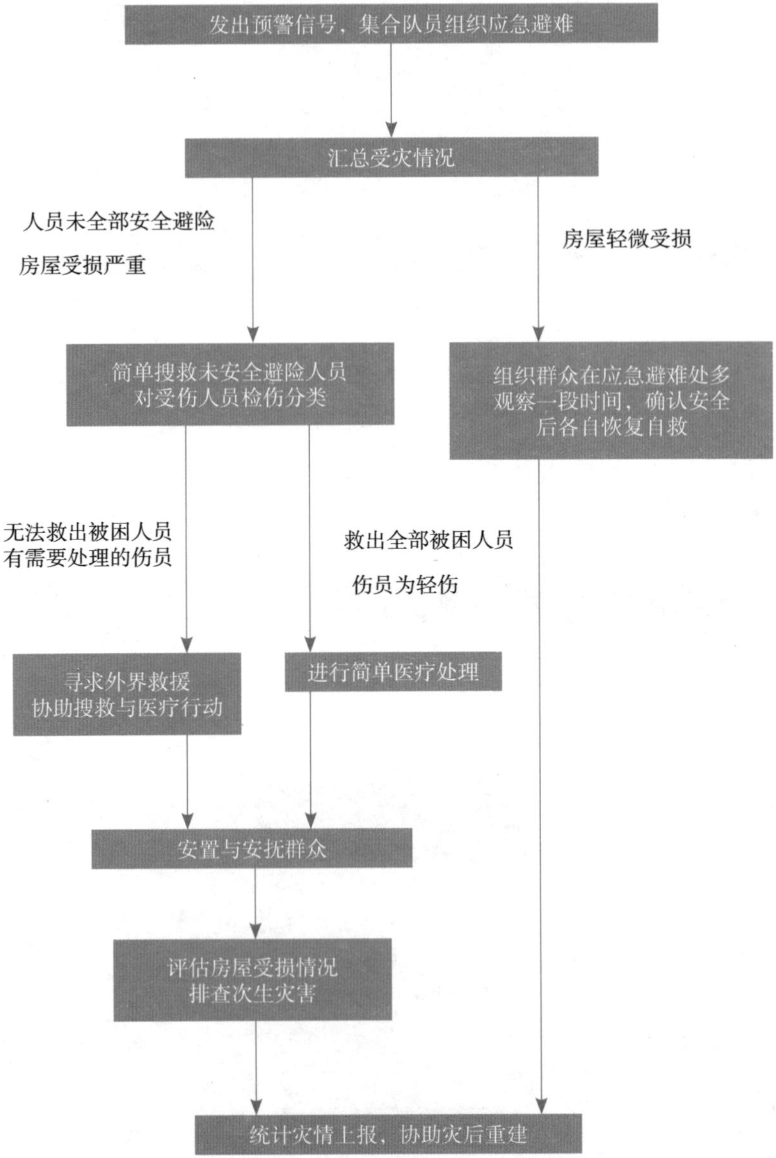

3）应急预案的文本管理

社区应急预案文本中通常包括社区基本数据和居民个人信息，可能存在社区和个人信息泄露、滥用风险。因此，社区管理工作小组可制订限制版（完整文本）和非限制版（不含个人和社区信息文本）的应急预案。社区管理工作小组可以根据以下表格将不同版本的预案文本分发给相应人员。

预案持有者	联系方式	持有版本的类型 非限制（U）/限制（R）	持有版本的形式 纸质版（P）/电子版（E）
		填写U或者R	填写P或者E

4）应急预案的备案与修订

社区应急预案通常由社区应急管理工作小组提交上级主管部门及相关单位备案，以便突发事件发生时各方能更好地根据预案协同处置。为了及时更新预案，联系信息必须随人事变动而更改。通常每隔半年要对应急预案进行一次修订，必要的情况下在更短的周期内就要进行修订。每次修订后需要通知持有者，并提交备案单位重新备案。

7 应急演练

开展应急演练是社区综合应急能力最好的展示与提高方式，也是对社区应急能力建设的检验和评估方式之一。应急演练中队伍的快速、专业响应能力可以体现队伍日常训练的效果；专业工具的使用管理可以看出物资管理维护的能力；社区居民的参与程度及疏散的高效顺利程度能看出社区应急宣传的成效；队伍与居民的参与积极性能直接体现社区应急的指挥有效性、凝聚力等基础能力；应急演练对应急预案的回顾、修订即代表应急预案本身的有效性。

1）演练方案

应急演练通常分为桌面演练和实战演练两大类。桌面演练相对更高效且低成本，通常在社区应急预案修订、队伍训练、新风险点研讨等场景下运用。实战演练相当于是对桌面演练的实践演示，也是对应急预案的实践。不管哪种演练方式都需要编写演练方案，充分准备，多方协同管理，及时总结评估。演练方案通常包括如下内容：

◇演练目的：训练队伍、实践应急预案、传播应急知识及预案细则……

◇演练时间：具体到分钟。

◇演练范围：包括地域范围和参与人群。

◇演练观察员：邀请哪些单位领导、专家作为演练观察员。

◇演练背景：真实的社区灾害风险背景、预设的演练灾害事故背景。

◇演练流程及分工表：制订详细的以分钟为单位的演练流程及人员分工表。

◇演练物资及场景布置：物资清单、场景预设及布置、观察员通道、摄像/拍照安排。

◇风险及应对策略。

其中，演练流程及分工表是演练脚本最核心的内容，一般按照“预警—疏散—队员集合—灾情评估和指挥分工—搜救—医疗—临时安置—过程记录”的顺序安排演练流程。演练流程内容要和应急预案的内容契合，在每一个环节中确定人员分工、细节预设等内容。可参照下表设置：

序号	时间	流程内容	所需物资	注意事项

演练物资准备主要包括应急工具的检查、耗损用品的采购、化妆/障碍物品的准备、后勤用水/毛巾等物品、演练奖品、宣传单等。

布置场景需要提前进行实地考察，明确演练路线、环境布置、观察员和摄影摄像等工作人员的分工及任务布置。

2）演练类型及角色管理

（1）有脚本演练。

对新成立的社区综合应急救援队和很少参加应急演练的社区居民来说，应急演练的难度较大。通常建议第一次演练只采用设定的脚本，给每一位社区综合应急救援队队员（以下简称“队员”）及居民提供固定的脚本及台词，让他们按照固定的路线“表演”，说指定的话，做指定的动作，不设置任何意外的干扰，或只有在指挥者认为可以的情况下给参演人员设置脚本以外的“干扰要素”。这类演练能让队员及居民熟悉应急演练活动，并在活动中增强对预警信号、疏散路线、救援技术等的掌握。每个角色脚本职责可通过下表设置：

时间	地点	岗位职责/技术要点

队员及居民对有脚本演练熟悉之后，可以逐渐增加“干扰因素”，让演练难度增大，作为“挑战式演练”，以训练队员及居民应对突发情况的应变能力，例如：

◇突发疾病不能顺利逃生的老人。

◇搜救过程中遇到险情。

◇过度受惊的居民等角色的出现。

◇不同程度/部位受伤的伤员、搜救环境。

◇救援队员在任务过程中遭遇心理问题。

◇…………

（2）无脚本演练。

在有脚本演练的基础上再进一步，可以在专家的指导下开展“无脚本演练”。这类演练只设置演练的空间范围与场景，将队员分组，相互设置应急状态下的难题，以考验队员的综合指挥应急能力。

3）演练管理与评估总结

（1）演练管理。

作为应急演练的组织者，除演练脚本和过程控制外，演练过程管理还需要考虑以下内容：

◇观察员引领：需要有人负责给观察员讲解并带领其按照指定路线，在指定时间内，有目的地完成演练观察。

◇摄影摄像志愿者安排：给摄影摄像志愿者提前培训不同环节和场景下应该注意的细节，并明确拍摄分工，提前到位。

◇技术指导：技术指导统一负责全程技术监测，以便进行演练后的总结提升及成效评测。

◇风险管理：做好事前评估工作，包括演练场地、参演人员和物资等；安排专业人员或志愿者在演练过程中提供保障服务；演练结束后，确保所有物资复位。

（2）评估总结。

应急演练通常难以一次达到预期目标。每次应急演练至少应该安排两场演练，在第一场演练结束后立即召开总结会议，不仅从技术层面总结每一处做得好的地方、不足的地方，也要对摄影摄像工作者、观察员等的工作进行总结。在两场演练结束后，再次召开总结会议，并发放奖品。分散在演练现场不同位置 / 场景的考核 / 拍摄记录员的工作表单如下：

时间	地点	考核对象	考评要点	拍摄要点

应急演练结束后，还要及时整理演练资料并总结，可参照下表：

<table>
<tr><th colspan="2">预案名称</th><th colspan="3"></th><th>演练地点</th><th></th></tr>
<tr><td colspan="2">组织机构</td><td></td><td>总指挥</td><td></td><td>演练时间</td><td></td></tr>
<tr><td colspan="2">分工安排</td><td></td><td></td><td></td><td></td><td></td></tr>
<tr><td colspan="2">演练类别</td><td colspan="5">□实际演练 □桌面演练 □全部预案 □部分预案</td></tr>
<tr><td colspan="2">演练目的</td><td colspan="5"></td></tr>
<tr><td colspan="2">物资准备情况</td><td colspan="5"></td></tr>
<tr><td colspan="2">演练过程描述</td><td></td><td></td><td></td><td></td><td></td></tr>
<tr><td colspan="2">预案适宜性充分性评审</td><td colspan="5">适宜性：□全部能够执行 □执行过程不够顺利 □明显不适宜
充分性：□完全满足应急要求 □基本满足需要完善 □不充分，必须修改</td></tr>
<tr><td>演练效果评审</td><td>人员到位情况</td><td colspan="5">□迅速准确 □基本按时到位 □个别人员不到位 □重点部位人员不到位
□职责明确，操作熟练 □职责明确，操作不够熟练 □职责不明，操作不熟练</td></tr>
</table>

续表

演练效果评审	物资到位情况	现场物资：□现场物资充分，全部有效 □现场准备不充分 □现场物资严重缺乏 个人防护：□全部人员防护到位 □个别人员防护不到位 □大部分人员防护不到位
	协调组织情况	整体组织：□准确、高效 □协调基本顺利，能满足要求 □效率低，有待改进 救援队分工：□合理、高效 □基本合理，能完成任务 □效率低，没有完成任务
	实战效果评价	□达到预期目标 □基本达到目标，部分环节有待改进 □没有达到目标，须重新演练
	外部支援部门和协作有效性	报告上级：□报告及时 □联系不上 消防部门：□按要求协作 □行动迟缓 医疗救援部门：□按要求协作 □行动迟缓 周边政府撤离配合：□按要求配合 □不配合
存在问题		
改进措施		

记录人：　　　　　　　　评审负责人：　　　　　　　　时间：

8 宣传培训

社区应根据本地区灾害事故特点和工作实际，开展防灾减灾救灾宣传教育工作，增加公众对灾害事故等突发事件的认识，提高其日常预防和自我保护能力。

1）宣传培训目标

结合社区工作计划和预案内容，设定社区综合应急救援队培训及训练目标，以及对社区居民、学校、企业和商业组织等主体的宣传教育目标。制订目标时，要考虑以下五个维度：目标是否明确、目标是否可衡量、目标能否达到、目标是否和工作相关、目标是否有时间限制。

注意事项：

制订培训方案时，需要考虑复训安排。针对参加过培训的人员，可以单独安排复训，或者新开培训课程时预留名额给以前参加过培训的人员，这样才能确保知识技能不会被遗忘并进行动态更新。

2）社区综合应急救援队的师资招募和培养

社区可以邀请消防、急救和相关专业社会组织等专业响应人员或资深从业人员担任社区综合应急救援队教官，逐步培养队员成为社区长期稳定的助教及教官储备人才，从而保证宣传培训活动的质量。应建立本社区的培训师资数据库，做好培训师资的管理和维护工作。

教官信息表：

<table>
<tr><td colspan="2">姓名：</td></tr>
<tr><td rowspan="3">地址：</td><td>工作电话：</td></tr>
<tr><td>家庭电话：</td></tr>
<tr><td>手机：</td></tr>
<tr><td>工作单位：</td><td>电子邮件地址：</td></tr>
</table>

续表

有经验或擅长的领域（请勾选）：	
• 消防安全与灭火 • 危险材料安全处置 • 应急医疗检伤分类与处理 • 搜救技巧与标记	• 灾后心理疏导 • 模拟演练 • 其他
参加过的技能发展培训：	
开展过的培训教授经验：	

3）宣传培训对象及内容

（1）社区综合应急救援队队员。应参照《应急救援员国际职业技能标准》（2018）中的初级救援员标准（五级），组织其参加应急救援培训及训练。主要内容包括：

◇社区常见灾害事故的应急准备与应对方法：根据不同社区的主要灾害事故类型选择课程，针对每类灾害事故介绍其特点、准备措施、应急逃生、人群疏散管理等方面的内容。

◇风险排查与应急预案制订方法：同样针对不同社区的灾害事故类型学习风险排查的要点、工具使用方法、风险图绘制办法、脆弱人群、设施与资源统计要点及响应流程设定中的要领等，并在专业人士指导下参与本社区应急预案的制订。

◇院前医疗：包括医疗防护、检伤分类、医疗区搭建、公共卫生危机应对、致命性伤害的院前处置、外伤包扎、各种意外伤亡处置、心肺复苏及 AED 使用法等。

◇简单搜索与营救：包括搜救防护、室外搜索、叠木顶撑与杠杆营救法、不同形式的伤员转运法等。

◇应急指挥：包括现场指挥的组织分工、应急救援指挥、信息记录与传达、媒体应对等。

◇心理疏导：包括应急心理常识、救援队员/工作人员的心理关照、受灾居民的情绪安抚、遇难者家属告知的方式等。

（2）社区所有成员，包括普通居民（脆弱人群）、志愿者、在校学生、企业员工等。有别于专业响应的知识技能，针对社区所有成员的宣传教育内容应该是基础的、易操作的，无论男女老少或脆弱人群都能掌握。由于网络资源良莠不齐，充斥着很多错误的应急知识，因此建议社区宣传的应急知识应通过正规渠道获得，如国家应急管理部官网、订阅号、官方微博，国家应急广播官网、订阅号/微博号，国家减灾网，及当地应急管理局、红十字会等官方渠道。

4）宣传培训方式

对社区综合应急救援队开展的培训及训练要注意合理安排时间。如果课程时间较长，可以考虑在固定期限内分时间段完成。

对社区居民开展的宣传教育可以利用广播、电视、互联网、手机报和手机短信、纸质宣传材料、面对面交流等方式。鼓励有条件的社区建设综合减灾科普宣传教育基地或应急体验馆，定期向社会开放，为不同社会群体提供体验式、参与式科普宣传教育服务。常见的宣传方式比较如下：

宣传方式	优势	局限
宣传栏	○居民可见度高，覆盖面广 ○关键信息与内容可以随季节更新且可长期固定宣传 ○成本极低	○张贴内容容易被覆盖 ○信息量有限 ○部分居民对宣传栏内容仅仅大致浏览甚至直接忽略 ○宣传栏的形式、位置等也影响宣传效果
传单 / 海报	○形式、内容非常灵活 ○队员参与度高 ○发放数量容易量化统计	○有效阅读率难以评估 ○信息量有限 ○与居民之间难以形成互动
讲座 / 宣传演出	○内容丰富翔实 ○形式活泼，能吸引社区居民参与及互动 ○宣传效果较好，对行为改变更有效	○需要找到优秀的专业讲师，进行大量的排练 ○制作培训教案、演出内容 ○成本较高 ○影响人群数量有限
应急演练 / 互动体验游戏	○互动效果最好，能吸引社区居民参与 ○体验效果好，对行为改变更有效 ○单项宣传内容能给人留下深刻的印象	○对队员及组织者的要求都很高 ○社区居民的组织参与难度比较大 ○成本较高，影响人群数量有限，更适合提高技能
家校联动 / 社企联动的传播活动	○形式、内容丰富灵活 ○学校 / 企事业单位的高效组织对传播效果的提高非常有帮助 ○互动性较好，成本可控 ○社区居民覆盖面也比较广	○最需要帮助的脆弱人群、外来务工人员等可能被排斥在外 ○前期与学校、企事业单位的沟通、协同成本较高 ○对组织者的挑战较高
微信群 / 贴吧等社交媒体传播	○随时传播、内容丰富 ○可触及人群广泛，传播效率高 ○网络资源丰富，线上也可以互动传播	○维护小区居民的微信群难度较大，老年人群难以触及 ○网络咨询的内容良莠不齐，需要专业人士参与辨识

5）宣传培训计划

社区宣传培训计划的制订需要教官、社区综合应急救援队队员、社区居民及培训场地提供方等多方协同，结合社区常见灾害事故隐患的治理需求（如高发时间、受影响范围等），并响应国家及地方政府统一的应急宣传计划（如全国防灾减灾日、国际减灾日、消防安全月等）。宣传培训计划的制订可参照下表。

社区培训计划（范例）

××社区
培训周期：2020年1—12月

培训主题	培训内容	培训时间	培训对象	培训人数	培训地点	培训方式	师资	培训经费来源	合作单位	备注
消防安全	如何正确使用灭火器	2020年1月	社区居民	20人	社区活动中心	授课	消防官员	自有经费	市消防局	含复训人员
校园安全	逃生救助和紧急疏散	2020年3月	学生和校园应急管理人员	200人	学校	授课+演练	志愿者	社会组织项目经费	社会组织和学校	
企业安全	高楼逃生	2020年3月	企业和商户员工	50人	企业或社区活动中心	授课+演练	企业安全专家或志愿者	企业经费	企业	

6）宣传培训评估

评估是检验宣传培训效果的重要内容，能够帮助社区了解公众是否真正掌握灾害事故应对的知识技能，避免宣传教育工作的形式主义，并帮助主办方改进工作方式方法。评估要始终贯穿宣传培训活动。

◇对师资的评估：评估师资的专业知识技能和授课水平。

◇对参与人员的评估：确保其掌握并会使用相关知识技能。

◇对协作部门的评估：评估其参与及时性、有效性。

◇对活动主办方的评估：评估其活动设计、组织和协调能力。

9 物资储备和管理

应急物资储备和管理工作主要包括人员、技术、物资和设备等。社区应适量储备本地实物应急物资，一旦灾害事故发生，能够迅速为应急救援和生活救助提供保障。社区可联合社会组织和企业，合理储备和管理物资，避免资源重复。

发展社区本地实物应急物资储备

1）提高物资储备多元化水平

◇整合社区资源，与相关企业、商户（超市等）开展合作，建立应急物资协议储备机制，做好联合实物储备，防止过度储备和重复储备。

◇利用社区资源，与学校、医院、图书馆等事业单位开展合作，以其作为逃生、急救和疏散安置的资源储备。

◇开展宣传培训，鼓励社区居民做好家庭物资储备。

2）优化应急物资管理

◇评估本社区的应急能力，摸清现有储备资源。

◇根据预案要求并结合社区实际，充实、调整应急物资的配制数量和品种，制订储备物资清单（参见附件2社区应急物资储备参考清单）。

◇对应急物资的配置、存储、使用、维护和更新等采取动态管理，对可能出现的因灾导致水、电、气等能源供应中断而严重影响医疗卫生服务的情况提前采取防范措施，明确管理责任人和对应职责。

◇设立专项账本对物资进行管理，做好入库和领用记录，可参照下表。

应急物资借用／归还登记表

物资名称	数量	使用途径	验收人	验收结果	借用人	借出／归还时间

10 应急避难场所管理

社区应急避难场所是为应对突发事件，经规划、建设具有应急避难生活服务设施，可供居民紧急疏散、临时生活的安全场所。

1）应急避难场所建设

社区应急避难场所建设应符合《城市社区应急避难场所建设标

准》(建标 180—2017)规定。

◇辖区内学校、医院、生命线系统等重点设防类设施按高于本地区抗震设防烈度的要求加强其抗震措施，其他重大工程依据地震安全性评价结果进行抗震设防，主要建（构）筑物均达到当地抗震设防要求。

◇结合公园绿地、广场、体育场馆、各类学校等开敞空间以及地下空间等科学布局应急避难场所。在应急避难场所、关键路口等醒目位置，设置安全应急标志或指示牌，张贴应急疏散路径示意图。

◇应急避难场所平时服务于原有功能，在遇到灾害事故时，由相关政府部门批准启用。应急避难场所的所有权人应按要求配置相应设施设备，划定各类功能区并设置健全的场所维护管理制度，由专门人员进行管理和定期维护、更新。

◇应急避难场所的管理单位或部门应制订使用应急预案，并与社区应急预案相衔接。

◇应急避难场所建设经费应纳入地方年度财政预算。

2）应急避难工作

社区在灾前、灾时和灾后应做好以下应急避难工作。

(1)灾前：

◇明确本地区所有的应急避难场所包括体育馆、公园和校园运动场地等，可以在绘制社区风险地图时完成该项工作。

◇联系应急避难场所场地的所有权人和管理单位，建立协作联动机制，纳入社区应急预案统一管理。

◇对应急避难场所进行评估，掌握基本信息，包括位置、面积、疏散路线等。在制订应急预案时，临时避险点的有限避险空间需要得到充分考量、合理规划。

◇在日常管理中，要争取资源完善应急避难场所的配套设施建设及定期维护，完善标识系统，加强对应急避险点的车辆停放、杂物堆积、出入口管理等方面的合理规划与检查。

（2）灾时：

◇及时发布疏散信息，有序指导、组织人员疏散至指定应急避难场所。

◇动员社会力量，做好应急避难场所的物资运送和发放。

◇动员社会力量，做好应急避难场所的现场管理工作。

◇定期向公众发布灾情和应对工作信息。

◇做好记录和文档管理工作。

（3）灾后：

◇协助政府部门，做好民众撤离工作。

◇动员社会力量，将物资复位。

◇开展评估工作，总结经验，完善预案，改进工作。

11 社会力量参与

当灾害事故发生时，社会力量具有灵活机动、反应迅速、服务精细等特点，能够完全下沉到社区开展工作，是专业响应力量的有力补充。非灾时期，社区要主动与社会力量建立联系，将其纳入社区应急预案体系。

1）社会力量评估

有些社会力量是“天然”的社区合作伙伴，比如学校、妇联和社会组织等；有些则需要先评估后再沟通，然后逐步建立联系，比如企业、商户和媒体等。要收集相关信息，制订辖区社会力量清单。

机构类型	机构名称	联系方式	可提供的应急资源
社会组织	××× 社工服务中心		志愿者
企业	××× 食品加工厂		食品
媒体	××× 电视台		宣传倡导
社会团体	妇联		针对女性受害者的服务
事业单位	××× 小学		应急避难场所

2）建立伙伴关系

（1）了解目标机构。

在与目标机构联系前，对目标机构进行简单评估。

◇这家机构是做什么的？有负责灾害事故预防和响应的部门吗？

◇它对社区应急感兴趣吗？以前参与过应急方面的工作吗？是否已经采取备灾和响应措施？

◇它的业务范围和社区应急有关系吗？

◇它如何参与社区应急共建共治？

（2）与目标机构沟通。

◇解释社会力量参与防灾减灾救灾的相关政策法规、行业标准和行为准则。

◇解释目标机构参与社区应急共建共治后能得到什么、其重要性是什么，积极参与防灾减灾救灾工作能够给目标机构，特别是企业，提供哪些政策性支持和税收优惠。此外，当灾害事故发生时，社区可以组织动员相关力量，在第一时间为受损机构提供帮扶。

◇解释目标机构参与社区应急共建共治时要提供什么，比如人员投入、资金投入、物资投入或其他资源投入。

◇此外，指出目标机构参与社区应急共建共治的附加价值，例如提升机构社会形象、助力营造良好的社会氛围等。

3）建立长效合作机制

◇制订社会力量基本信息清单，指定专人负责联系沟通。

◇成立社会力量联合工作小组，制订联席会议机制。

◇如有需要，可以与社会力量签署联防意向书，明确双方职责。

◇非灾时期，为社会力量提供参与社区应急共建共治的机会，例如培训、会议和演练，参与应急预案制订等。

◇对已经建立联系的社会力量定期进行评估，确保其有能力参与社区应急共建共治工作。

12 发挥灾害保险作用

灾害保险是风险转移的重要工具，对政府财政救助形成有效的补充。目前，我国正在探索建立包括政策性农房保险、城乡居民住宅巨灾保险、家庭财产商业保险在内的灾害保险体系。社区层面发挥灾害保险作用，可从以下几个方面开展工作：

◇向当地政府、保险公司了解社区所在地区开展灾害保险的具体政策、保险种类、费率和资金分担情况，评估是否有适用于社区的灾害保险产品。

◇与保险公司建立合作伙伴关系，将保险全过程风险管理技术纳入社区应急预案和救助体系，邀请其参与社区风险评估和预案制订，并在时机成熟的时候共同设计开发适用于社区的、具有公益属性的灾害保险产品，特别是针对农业和农村住房的保险产品，帮助社区提升应对灾害事故风险的能力。

◇在开展社区防灾减灾培训时，加入个人和社区灾害保险内容，提升居民自我保障意识，利用金融工具防范、减少灾害导致的个人和社区经济损失，及早恢复正常生产生活。

三

CHAPTER THREE

应急处置

社区作为突发事件应对的第一响应人，在应急处置过程中应遵守以下工作原则。

1）安全原则

◇应急处置人员自身的安全永远是第一位的，不要尝试那些没有经过培训的行动。

◇应急处置人员切勿独自行动，至少要两人一组共同行动。

◇所有一线响应工作人员必须穿戴个人防护装备（安全帽、护目镜、手套、N95口罩及结实的鞋子或靴子等）。

2）评估原则

在开展任何应急处置行动前，一定要先评估，后行动。

3）记录原则

应急处置负责人指定专人做好每一个处置环节的记录工作，为改进工作提供依据。

1 预警信息接收

预警信息是指发生或可能发生，造成或可能造成严重社会危害，可以预警的自然灾害、事故灾难和公共卫生事件信息。社区根据应急预案流程，指定人员收集、汇总、甄别和分析预警信息，为预警信息发布做好准备。

接收来源可靠的预警信息，及时有效发布

1）加强预警网络建设

◇以市区级预警网络平台为依托，及时收集汇总灾害事故信息。

◇有效利用社会传播手段和设施，包括应急广播电台、社区广播、报警器或语音警示系统、函件、电子邮件、手机预警应用程序（APP）和手机短信。

2）气象类预警信号及含义

气象类灾害预警信号级别依据气象灾害可能造成的危害程度、紧急程度和发展态势一般划分为四级，分别是Ⅰ级（特别严重）、Ⅱ级（严重）、Ⅲ级（较重）、Ⅳ级（一般）。气象类灾害预警信号图标则用颜色表示级别，红色表示Ⅰ级，橙色表示Ⅱ级，黄色表示Ⅲ级，蓝色表示Ⅳ级。不同气象灾害的预警信号和图标也有差异：

◇台风、暴雨、暴雪、寒潮和大风五类气象灾害预警信号分别有四种图标，相应为蓝色、黄色、橙色、红色。

◇沙尘暴、高温、雷电、大雾和道路结冰五类气象灾害预警信号分别有三种图标，相应为黄色、橙色、红色。

◇霜冻气象灾害预警信号有三种图标，相应为蓝色、黄色、橙色。

◇干旱和冰雹两类气象灾害预警信号分别有两种图标，相应为橙色、红色。

◇霾气象灾害预警信号有两种图标，相应为黄色、橙色。

2 预报预警发布

社区预警信息发布要明确预警受众对象、发布渠道和预警响应规定。当社区接到来源可靠的预警信息后，应第一时间通过已经确定的各种形式对社区居民进行发布，确保信息能及时准确地传播到人。

1）加强预警信息发布机制

在确保信息准确性的前提下，针对不同受众群体发布信息，例如儿童、老人、外籍人士等。预警信息的主要内容包括预警类型、预警级别、起始时间、可能影响范围、警示事项、应采取的措施、发布单位和发布时间等。

（1）加强预警信息审批和管理机制。

◇社区负责人负责审批信息内容，并对后果全权负责。

◇社区负责人授权相关工作人员，并向公众公布负责人员信息，采取“谁授权谁负责”的原则。其他机构或者个人不得自行向社会发布。如果社区规模很大，可以考虑授权单位组织协助发布，并对外公布其信息。

（2）信息发布监控和反馈。

◇填报预警接收和传播工作日志，及时反馈传播效果。

◇实时关注政府预警平台，当预警级别发生变化时，及时发布变更预警信息或解除预警，流程和预警信息发布一致。

（3）有效利用社会传播手段和设施。

◇可用电台、社区广播、报警器或语音警示系统、函件、电子邮件、手机预警应用程序（APP）和手机短信。

◇在电力通信系统失灵后，动员志愿者采用敲锣、手摇报警器等报警信息工具通知预警信息，在特殊情况下上门当面告知。

◇即使电力通信系统有效，直接受灾害事故威胁的人群，尤其不太会用智能手机甚至没有私人电话的老人、有沟通障碍的人士等，都应由应急预案中约定的志愿者或候补人员当面通知，并及时反馈预警信息已经接收的确认信息。

◇确保信息到人。结合社区网格化管理体系，建立健全“街道—社区—小区—楼栋”“乡镇—建制村—村民小组—户”的预警信息传播工作机制，明确传播手段。

2）完善信息互通和联动发布机制

◇完善与政府部门的信息互通和联动发布机制。

◇完善与社会力量的信息互通和联动发布机制，包括驻区企业、商户、社会组织、学校和医院等，作为专业预警网络的补充信息来源和发布渠道。

◇ 动员社会力量投入资金或人力，改善预警网络软件和硬件设施。

3）加强宣传教育

◇ 加强预警信息人员的培训。预警岗位的专业性很强，要做好相关工作人员的培训工作，确保预警工作的精准性。

◇ 加强公共宣传教育，可将相关内容纳入社区应急预案。

3 现场指挥

突发事件发生后，社区是应对处置的一线，其现场指挥能力是降低灾害事故影响的关键。现场指挥能力的发挥更多依靠平时建立的完善机制和演练积累的熟练技能。社区在现场指挥工作中应发挥指挥长的作用，组建指挥团队（社区可根据实际情况将其与应急管理工作小组工作职能合并），成立指挥部，协调有关单位和社会力量开展处置工作。

1）准备工作

（1）启动社区应急预案：第一时间启动应急预案，根据预案有序开展相关工作。

（2）成立现场指挥部：根据社区应急预案，组建指挥团队，成立指挥部。指挥团队的架构基础是社区应急管理工作小组的组织架构。根据突发事件性质，例如危化事故和公共卫生事件等，组建专家组，为一线处置团队提供专业性指导意见。指挥团队不是临时组建的队伍，是在制订预案时就组建好的，且定期多次参加培训和演练。

（3）进行灾情研判：在突发事件暴发现场，应先评估灾情，再采取行动。根据社区实际情况和研判结果，制订处置方案。评估是一项动态的、持续的工作，应贯穿应急处置工作的始终。

以下是开展评估工作的九个基本步骤，简称“九步评估法”。建议将这九个步骤以表格形式呈现，便于现场使用。

①收集基本信息。

◇发生了什么事情（时间、地点、范围、事件性质等）？

◇什么人？多少人？受到什么影响（伤害、威胁）？

◇目前情况怎么样？

②评估并沟通损失情况。

◇之前发生了什么事情？

◇现在正在发生什么事情？

◇之后可能会发生什么事情（最坏的情况）？

③考虑各种可能性。

◇很可能会发生什么事情？

◇连锁反应会导致什么情况？

④评估自身处境。

◇自身是否处于危险境地？

◇我（应急处置人员）是否接受过处置这类突发事件的相关训练？

◇我（应急处置人员）是否有处理该突发事件的必要装备？

⑤确定优先级。

◇现场相关人员是否有生命危险？

◇我（应急处置人员）能提供帮助吗？响应人员自身的人身安全永远是第一位的。

⑥ 做出决策。

◇根据第 1 ~ 4 步的判断结果及第 5 步确定的优先级做出决策。

⑦ 制订行动计划。

◇制订行动计划，列出工作优先次序安排。

◇简单的计划可采用口头交流，但较复杂的计划应该通过书面传达。

⑧ 采取行动。

◇执行已制订的计划，记录工作得失和变动。在与上级机构或专业响应人员对接时，详细准确地汇报已开展的处置工作。

⑨ 评估进展情况。

◇评估行动计划的完成情况，以确定哪些行动有作用，以及下一步如何调整。

（4）制订初步处置方案。

◇指挥长（社区应急管理工作小组组长）负责组织指挥团队制订处置方案，指挥长提供方案意见。处置方案内容包括目标、行动周期、响应战术、各项响应工作的管理与协调、根据响应工作制订会议、资源支持等。此外，处置方案还应包括统一工作工具，例如计划表格、会议日程表等。

◇如果指挥长非一线响应负责人，则需要与一线响应负责人保持密切联系，并给予指导和建议。

◇处置方案要根据实时评估结果和一线响应人员的反馈，进行及时修订和调整，并汇报上级单位。

◇指定专人做好记录和文件存档工作。

（5）调用资源力量和应急物资。

以下行动需要根据应急预案内容来执行：

◇派出社区综合应急救援队，并在指定的集结点集合。

◇启用社会力量参与应急救援工作机制。

◇调运应急物资（包括应急装备、设备、工具等）到突发事件现场。

◇提供后勤保障支持，做好资源复位。

◇指定专人做好记录和文件存档工作。

2）现场指挥

在社区指挥长（社区应急管理工作小组组长）的指导安排下，现场指挥工作包括以下内容：

◇启动社区应急预案：第一时间启动应急预案，根据预案有序开展相关工作。

◇开展现场情况勘查：指挥团队抵达现场后，指挥长和相关人员要在确保安全的情况下，深入现场查看情况。

◇召开应急处置会议：包括情况通报会、方案制修订会、行动通报会等。

◇完善应急处置方案：根据现场实时情况和响应过程中对行动情况的评估结果，对应急处置方案进行修订。内容包括目标、行动周期、响应战术、各项响应工作的管理与协调、根据响应工作制订会议、资源支持等。此外，处置方案还应包括统一工作工具，例如计划表格、会议日程表等。

◇现场部署处置任务：根据处置方案，安排指挥团队各岗位工作任务，并在处置过程中对其工作进行评估。

◇评估总结处置行动：根据事态和行动进展，开展实时动态评估，并召开处置行动总结会。

◇记录汇报处置行动：汇总、分析所有文件资料，并形成报告，提供给上级部门。

现场指挥时，还需要特别考虑以下问题：问责制度、授权、人员救援和善后安排、疏散、资金、次生事故、环境因素等。

4 转移安置

转移安置指灾害事故发生前或发生时，根据现场情况，组织受威胁的受灾群众转移到安全或相对安全的环境，如避难场所，并为转移群众提供稳定、全面的救助。特别要关注社区脆弱人群。转移安置主要包括受灾群众安置方式、安置点选址、管理和后勤保障等工作。这些工作应由政府相关部门组织安排，社区配合实施管理。

1）应急疏散

社区收到预警信息后，首要任务就是有序组织人群疏散。社区应按照应急预案的响应流程，考虑组织受影响人群及财产的疏散并采取保护措施。

针对地震、火灾、爆炸等突发性灾害事故无法提前组织疏散的问题，社区应在平时更多组织此类灾害事故的应急疏散演练。此类事件发生后，在场或第一时间赶到现场的社区综合应急救援队队员应按应急预案流程引导人群疏散。

（1）启用应急避难场所。应根据应急预案，以及社区与应急避难场所所有权人或管理使用单位签署的协议，按流程启用应急避难场所及必要设施设备。现场指挥部指挥社区综合应急救援队到现场进行确认，并按照预案的疏散路线，有序组织人员疏散。因地震等原因造成破坏的，如经初步鉴定不能使用，需要在入口处设置标识，告知受灾群众不得入内，并及时上报有关单位。对遭到破坏的设施设备要及时组织维修，并上报指挥部知晓。

（2）确保疏散路线畅通。指挥部可安排工作人员和社区综合应急救援队在第一时间排查疏散通道和应急避难场所，确保既定通道和应急避难场所是畅通的、安全的，如有意外应视情况组织疏通通道，或启动备用方案，并组织专人或志愿者在关键路口负责人群引导。

（3）疏散人群统计与自查。社区综合应急救援队应在人群疏散完成后，在应急避难场所组织疏散人群统计与自查；同时在确保安全且人手足够的情况下，还可以划片区对疏散区进行分组搜索，确保无人滞留。统计结果提交指挥部。

（4）关注特殊人群需求。疏散过程中，仍要特别关注脆弱人群是否有专人或志愿者负责协助，外来务工人员及外来旅客等是否有专人或志愿者负责协助，确保这些人群都能按正确路线及时转移至应急避难场所。

2）临时安置

当房屋遭到灾害事故破坏或威胁不能再继续入住时，社区需要协助受灾居民解决临时居住的问题。在受灾范围较小的情况下，通常建议投亲靠友；如果只是局部灾害事故，经济条件允许的情况下建议前往宾馆居住。如果是破坏性地震或区域性洪灾等较为严重的灾害事故，通常需要启用应急避难场所对较多居民进行临时安置。

应急避难场所的管理内容包括：

◇分组分区管理：应急避难场所实行分区管理使用，将管理办公室、物资储藏区、人员安置区、应急厕所及垃圾处置区、医疗区等功能区合理划分，并启用管理小组进行分工管理，管理小组中应包括宣传教育组、治安保卫组、社会力量参与协调组和志愿者招募与管理组。

◇人员登记：对需在应急避难场所临时安置的居民进行统一登记，包括姓名、身份证信息、联系方式、家庭成员信息、需求情况、是否能成为志愿者、是否可提供应急物资/服务等内容。登记在册的人员可采用安置卡管理的方式进行人员管理。安置卡在受灾人员离开应急避难场所时应收回处置。

◇生活保障与服务：应急避难场所一旦启用，对其较长时间的维护管理将是社区应急管理工作中很重要的一部分内容，包括食物及生活必需品的保障、医疗服务、通信服务、宠物安置、车辆管理、治安防范、卫生防疫、信息发布及谣言管理等内容。社区综合应急救援队应积极动员并组织社区居民开展志愿服务，并对接外来志愿者、社会组织等社会力量，开辟专门的空间或平台，对儿童、老人等群体提供专门服务。

◇信息记录：应急避难场所管理过程中的物资信息、服务信息、志愿者信息、避难人员信息，以及每天的日常管理等均应有专人负责及时记录并整理，将关键信息上报指挥部，并妥善保管所有信息记录资料。

◇结束与恢复：应急避难场所因安全原因不适宜继续安置居民，或受灾群众转入异地安置或零散安置，或响应状态解除等情况下，应急避难场所将结束安置功能，撤离所有安置居民并启动恢复程序。如果是安全性转移，应提前告知关闭时间、撤离准备及注意事项等内容。恢复工作包括场地清理、隐患检查、物资设备归还、设施器材检修和归位等事项。如果应急避难场所及设施设备在启用过程中发生损毁，应及时上报相关单位。

5 简单搜索与营救

过往应急经验显示，当灾害事故发生后，那些自发的、出于善意的，但未接受过专业培训的人，通常是最先试图营救受困者的人。社区有责任在平时开展相关培训演练，教会社区群众相关知识和技能，提升自救能力。同时，挑选有意愿、有能力且接受过社区培训的群众，加入社区综合应急救援队。当灾害事故发生时，在安全的前提下，社区综合应急救援队可以协助专业救援力量，开展救援行动。社区综合应急救援队应具备《应急救援员国际职业技能标准》（2018）中的初级救援员标准（五级）的基本技能要求。

在应急处置现场，社区应完成以下工作：

（1）指挥长根据现场处置方案，安排社区综合应急救援队开展简单搜索与营救工作。每个行动小组不少于3人，1人为组长，负责指挥联络，并始终与社区综合应急救援队队长保持沟通；另安排2人，组成搭档，执行搜救任务。

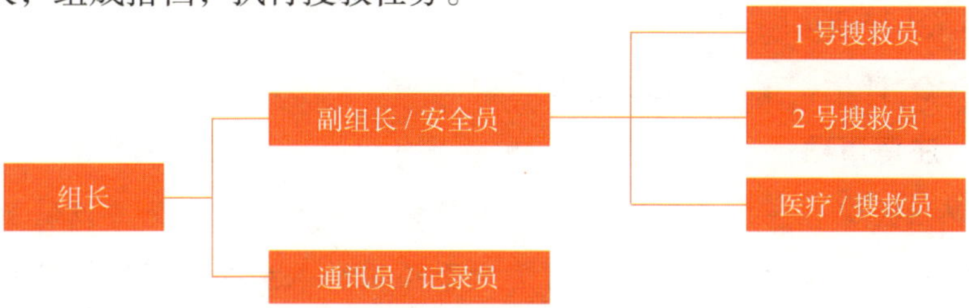

注意：指挥部应有社区综合应急救援队队长和各小组成员的信息，便于指挥部传达和接受信息。

如果指挥长同时兼任应急队队长，直接参与一线处置工作，则应将搜救工作授权给负责搜救的组长，开展相应工作。搜救的组长直接向指挥长汇报；如果指挥长安排专人担任应急队队长，那么应该将搜救工作授权给队长。队长直接向指挥长汇报。

（2）队长要参加情况通报会、方案制订及修订会、行动通报会、行动总结会议等，及时告知行动进展，同时将会议信息告知队员。

（3）社区综合应急救援队负责开展简单搜索与营救行动。具体内容如下：

①行动构成：

由三个独立行动构成，包括：

◇评估：制订一个安全的行动方案。

◇搜索：定位幸存者并记录。

◇营救：救出或稳定幸存者。

②行动目标：

◇ 在最短的时间内营救更多的人。

◇ 首先营救受伤但还能行走的伤者。

◇ 其次营救只是轻微受困的人员。

◇ 时刻保护救援人员的安全。

③行动步骤：

◇ 评估：采用九步评估法。

注意事项：

社区综合应急救援队队员开展搜索与营救行动，必须以队员自身的安全保障为前提，在任何情况下不得进入重度破坏的建筑物开展搜索或救援行动，可以预估重度破坏建筑物再次坍塌的影响范围，并在外围拉警戒线进行隔离。

建筑物安全评估可参考如下标准：

轻度破坏	中度破坏	重度破坏
• 破坏仅可见于建筑表面 • 窗户破坏 • 建筑表面裂缝或墙面破裂 • 内部轻微损坏 • 建筑结构完好，能够安全进入	• 破坏较明显 • 装饰物损坏或掉落 • 墙体裂缝或破裂较明显 • 内部物品损毁严重 • 房屋还在地基上 • 仅为营救生命才进入	• 建筑部分或全部倒塌 • 建筑倾斜 • 建筑结构不稳定 • 房屋整体倒塌

◇采取安全防护措施：造成救援人员死亡最常见原因是迷失方向和二次塌方，为避免这类事故发生，应遵循以下防护原则：

- 两人协同制。成功救援离不开团队合作。
- 确保作业区安全。不得尝试搜救有喷水、坠落电线、天然气泄漏、危险化学品泄漏、水位正在上升、破损的地板或倒塌的墙壁等现场作业不安全的区域。
- 做好个人防护。在救援过程中，始终穿戴个人防护用品，佩戴手套和头盔，保护手和头。佩戴口罩，过滤掉可能的有害物质。如现场出现有害物质（危险化学品等）泄露，撤离至上风口，并通知专业应急救援人员。同时，一定要做力所能及的事情，不要逞强。
- 轮班作业。建立可用的后备队伍，采用队员轮班制，以防疲惫；救援队需有规律地饮水、进食，确保精力充沛。
- 标准行动信号。搜救行动组应约定声音信号，以便紧急情况下安全员能及时有效地通知行动人员做出撤离、恢复行动等动作。

疏散：（3 声短，每次 1 秒，重复至现场疏散完毕）

暂停行动 – 安静：（1 声长，持续 3 秒钟）

恢复行动：（1 声长 +1 声短）

◇室外搜索。

网格式搜索方法：适用于在大区域或小区域内手动搜索。

搜救人员在搜救区域一侧对搜救范围建立网格图形。搜救人员之间的距离根据现场能见度和遮挡物 / 废墟的情况确定。搜救人员必须始终处于其两侧搜索人员的视线范围内，并不断保持语言交流；其搜索区域与两侧同伴的搜救区域重叠。标记并记录每个已完成搜索的区域。

通常户外搜索要注意观察壕沟、水渠、草堆或石堆后、岩洞或动物巢穴、必经路径、河道转弯处的回水区、河道中的树枝格栅区、野外的人类痕迹（粪便、垃圾、用火痕迹等）。

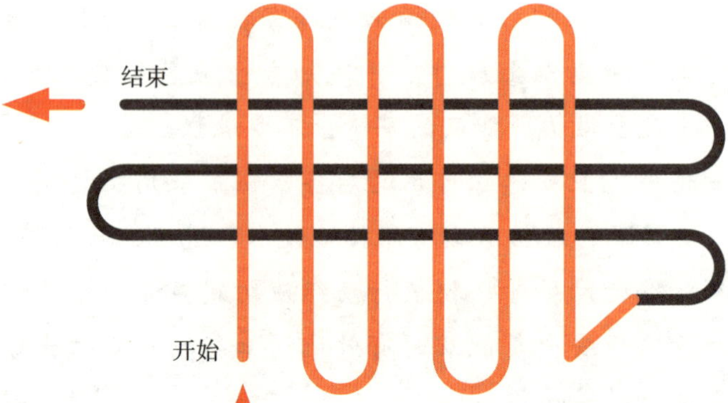

◇室内搜索。

进行室内搜索前，搜救人员须对建筑物进行周边勘察，确定建筑物自身足够安全，且周边环境安全。

- 设立安全区：在进入破坏的建筑物内开展搜索行动前，搜救队要先在建筑外安全区域内设立安全区，并安排人员（安全员）时刻关注周边情况，确保救援人员安全。
- 搜救人员安排：至少 2 人一组轮换进入建筑物开展搜索。通常建议进入建筑物开展搜救行动的队员数量不得超过行动小组总人数的一半。
- 搜索路径：按照由下往上 / 由上往下（多层建筑）、右侧墙壁→左侧墙壁（单层建筑）的方式进行系统搜索。

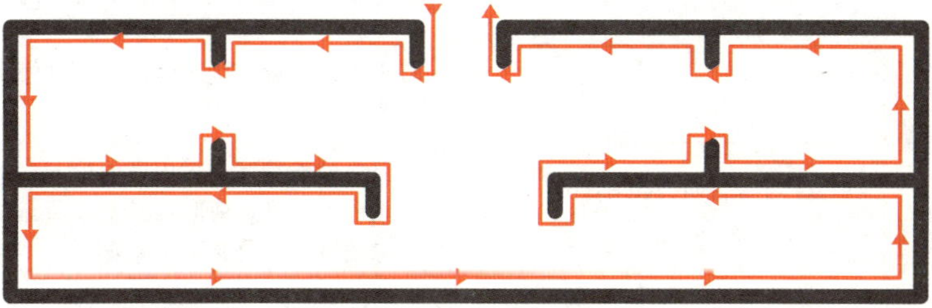

◇搜救步骤。

步骤	动作	行动内容
标记	• 由安全区的安全员在建筑物入口处做标记 • 记录搜救行动进入和离开时间、应急救援队名称和人数、受困者信息和已搜索区域及相关情况，以便后续专业响应力量抵达现场时能够快速识别现场情况	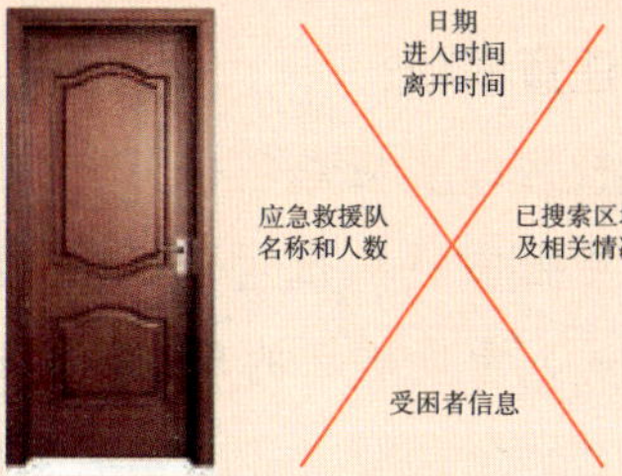

续表

步骤	动作	行动内容
喊话	• 搜救人员进入作业空间时，首先要喊话，看有没有受困人员回应	• 喊话内容："我们是社区综合应急救援队，如果能听到我说话，请到声音这里来"等 • 如果有回应或者有受困者找到搜救人员，进一步询问受困者，获取更多信息——建筑物情况、有无其他受困者等 • 然后明确指示受困者前往指定区域，如"待在这里"/"到外面去"（根据建筑物情况和受困者身体状况）、"去……广场"（空旷安全或社区综合应急救援队预定集结地点等）
闻	• 搜救人员在进入建筑物后要嗅探室内是否有异味	• 进入建筑物后可再次关闭水电气，并嗅探室内有无异味 • 一定不能在搜索过程中使用明火
看	• 搜救人员查看受困人员可能寻求的庇护空间	• 检查每一面墙、地板和天花板的受损情况 • 桌子下面、厨柜内、浴缸内、床下、衣柜下方
听	• 时常停下来倾听，如求救声、敲击声或移动声	• 在应急处置现场，受困者可能只能发出极微弱的声音，有时候甚至要社区综合应急救援队队员屏住呼吸去听
警惕	• 搜索过程中要时刻关注并谨慎判断搜索区域内的危险	• 警惕室内倒塌、危险化学品风险 • 不可直接跨越暴露的电线，不管是否已经做了断电处置 • 不可轻易触碰倾倒的液体，如果不小心沾染了污染物，应在离开建筑后即刻清洗

注意事项：

社区综合应急救援队只能进入轻度破坏的建筑进行搜救，可以协助专业救援队伍对中度破坏的建筑进行简单搜救，但任何情况下不能进入重度破坏的建筑物内进行搜救。

◇简单营救。

营救包括三个主要步骤：

- 清除杂物与废墟（利用杠杆与井框支架）解救受困人员，并营造安全的营救环境。

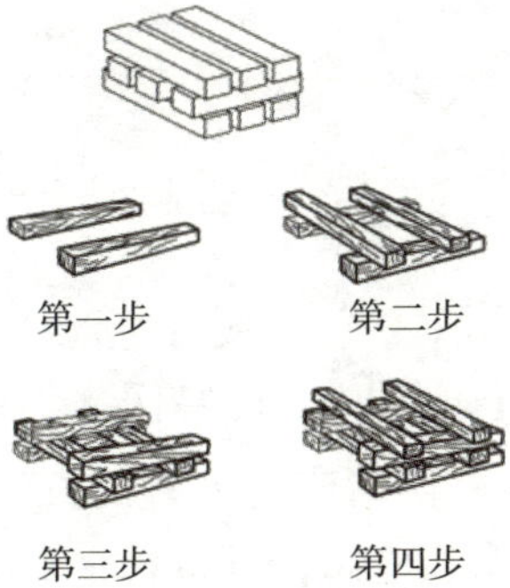

- 对受困人员进行伤员检伤分类——检查有无气道阻塞、大出血及休克。
- 在救援能力范围内，安全迅速地解救出受困人员。如果受困人员看起来或自述存在残疾，在移动该受困人员之前应询问其伤残处对身体的限制。有必要时让现场急救员或医护人员来移动该受困人员。

受困人员从废墟中脱困有两种类型：① 自行脱困或简单协助脱困；② 搬运或拖拽脱困。

采用搬运或拖拽脱困要考虑：

◇只有在受困人员没有脊柱损伤或闭合性头部外伤时，才能将受困人员扛（背、抱、抬）或拖离应急处置现场。

◇如果受困人员存在脊柱损伤或闭合性头部外伤，运送过程中则应用背板固定其脊柱。可将门板、桌面或其他类似材料用作简易背板。救援人员在运送过程中要进行团队协作与沟通，确保受困人员的脊柱始终伸直。

◇在安全性和时间都允许的情况下，请勿使用背、抱、抬和拖离等方式移动有脊柱损伤或闭合性头部外伤的受困人员。

6 院前医疗

社区在开展突发事件现场处置工作时，首要任务是抢救生命。社区救援人员应掌握检伤分类及危重伤情应急处置的方法，同时也需要掌握基本的院前医疗知识，以减轻非致命性创伤带来的痛苦。

在应急处置现场，社区应完成以下工作：

（1）指挥长根据现场处置方案，安排社区综合应急救援队开展检伤分类和危重伤情应急处置工作。

（2）如果指挥长同时兼任救援队队长，直接参与一线处置工作，则应将医疗工作授权给负责医疗的组长，由其开展相应工作，医疗组长直接向指挥长汇报。如果指挥长安排专人担任社区综合应急救援队队长，那么应该将医疗工作赋权给队长，队长直接向指挥长汇报。

（3）队长要参加情况通报会、方案制订及修订会、行动通报会、行动总结会议等，及时告知行动进展，同时将会议信息告知队员。

（4）医疗救护组负责开展院前医疗行动，社区综合应急救援队协助开展相应工作，做好以下工作：

①安全防护：

确保救援人员的安全。救援队员必须有相应资质或参加过社区认可的相关技能培训。

◇全套个人防护，包括护目镜（如有必要）、符合标准的口罩（N95 或医用外科口罩）、足够的非乳胶手套等。

◇检查受伤人员时，请使用非乳胶手套（紧急情况下将非乳胶手套佩戴在工作手套里面，可以节约时间）。可能的情况下应尽量每检查一位受伤人员换一副新手套，如果现场物资资源紧缺，一定要做好消毒清洁工作后，再为下一位伤员进行检查。

◇用清洁的敷料包扎所有开放性创伤，以防感染疾病。

◇避免接触体液。

◇将医疗废弃物放进塑料袋，将袋子封好，标记为医疗垃圾并单独妥善处理。

◇可采用队员轮班制，以防疲惫。队员需要规律地饮水、进食、休息，确保精力充沛。

② 检伤分类：

对伤员进行有效的检伤分类，能高效利用有限的医疗资源，对危急伤员进行及时处置，这是参与伤员入院前处置最重要的工作内容。通常检查分类的标准与标识方式如下表：

标签	分类	身体状况
红色	立即治疗	存在危及生命的损伤，需立即关注并予以治疗
黄色	延迟治疗	有损伤但不会危及生命，可延缓治疗
绿色	轻伤	只是轻伤或只有表面损伤，通常能走动
黑色	无呼吸无意识	尝试两次打开气道后仍无呼吸

注意事项：

须由经过专业培训并取得资质的队员实施心肺复苏。普通社区综合应急救援队队员可以通过报名参加本地红十字会组织的急救员培训等方式另行学习心肺复苏术。

分检出的红色伤者，需要及时进行处置，在专业医疗力量抵达现场前，尽可能地挽救伤员生命。社区综合应急救援队队员必须学会打开气道、控制大量出血和治疗休克的知识与技能。

③临时医疗点的搭建：

在必要的情况下，搭建或协助专业医务人员搭建临时医疗点，对伤员进行检查，对常见伤害进行院前处置，并协助将伤员转运到专业医疗点救治。

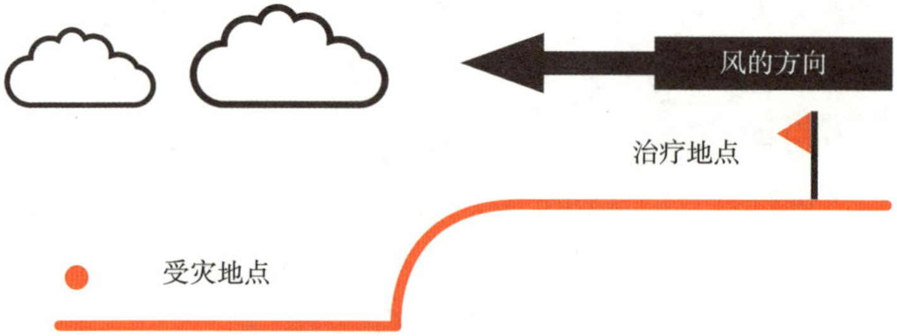

治疗地点应该在受灾地点的上坡及上风口

应建立集中医疗区，以缩短救援地和治疗设备之间运送距离。医疗区应满足以下条件：

◇在安全区域内，且无危险物和坠落物。

◇处于危险区的上坡且上风位置。

◇交通方便，并且可扩建。

医疗区域布局：医疗区必须明确标识各类伤员的治疗区域。

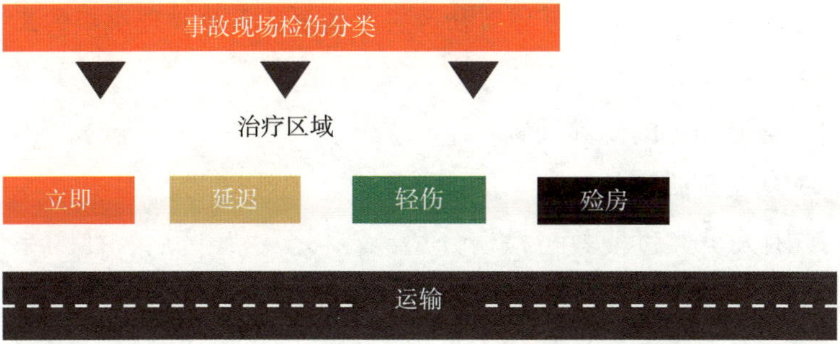

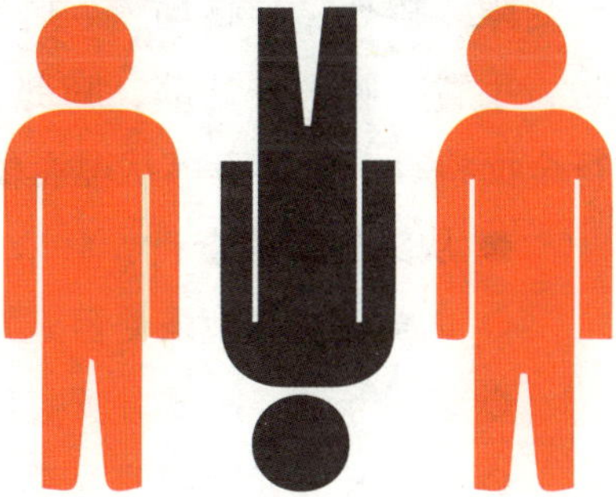

◇ “立即治疗”和“延迟治疗”的区域相互靠近。

◇ 殓房应是安全的，远离治疗区域（不在视线范围内）。

社区综合应急救援队的队长须为医疗区的每一个分类区 / 分支区指派负责人，负责该区域的伤员处置及人员管理。

伤员安置：以头脚方式排列伤员，并为救援队队员预留出检查操作空间。根据实操经验，伤员之间的排列间隔一般为 80～100 厘米。

伤员记录：社区应急救援队队员应该尽可能记录伤员的以下信息：

◇ 姓名、地址及电话号码。

◇ 衣着。

◇ 描述（年龄、性别、体型、估计身高）。

◇ 受伤情况。

◇ 治疗情况。

◇ 转诊去处。

经评估为轻伤的伤员可选择留在或离开治疗区。

◇ 轻伤人员留下来可协助社区应急救援队医疗护理小组的工作。

◇ 如果离开治疗区，应予以记录。

④ 常见伤害的院前处置：

● **从头到脚评估：**

受困人员经过搜救与检伤分类，转移至医疗区后，社区综合应急救援队中负责医疗的成员要对每一位受困人员进行一次从头到脚的全面检查。检查全身部位有无以下症状：出血、畸形、疼痛、活动受限、擦伤、异物插入、肿胀、瘫痪。检查部位包括：头部、肩膀、手臂、腹部、颈部、胸部、骨盆、腿部。应对所有受困人员进行全面检查，包括身体状况看似良好的受灾人员。

● **从头到脚检查：**

◇ 口头检查（如果受困人员能够说话）。

◇ 动手检查（必要时可去除衣服检查）。

◇ 系统检查（以相同的顺序）。

◇ 仔细检查（密切注意，看、听、感觉异常情况）。检查过程中，记得查看自己手上有无因为伤员出血留下的迹象。

● **识别损伤：**

在对伤员进行外伤处置前，要识别是否为闭合性头、颈及脊柱损伤。闭合性头部外伤是脑震荡型损伤，与开放性创伤是相对的。症状包括：

◇ 意识发生变化。

◇ 无法活动一个或多个身体部位。

◇ 头部、颈部或背部严重的疼痛或压迫感。

◇ 四肢刺痛或麻木。

◇ 呼吸或视力困难。

◇ 头部或脊柱大出血、瘀伤或畸形。

◇ 鼻子或耳朵内有血或液体。

◇ 耳后有瘀伤。

◇ “熊猫”眼（眼睛四周有瘀伤）。

◇ 瞳孔大小不一、等圆。

◇ 抽搐。

◇ 恶心或呕吐。

◇ 在倒塌的建筑或沉重的废墟下发现的幸存者。

上述任何症状都可能是闭合性头、颈及脊柱损伤的症状，应进行相应处置。

● **常见普通伤口的院前处置：**

◇ 控制出血。

◇ 清洁伤口：用常温水冲洗伤口，切勿使用双氧水（过氧化氢）。用球形注射器清洗伤口，切勿用力擦洗伤口。

◇ 用敷料及绷带包扎伤口：直接将无菌敷料敷在伤口上。如有活动性出血（即如果敷料被血液渗透），在现用敷料上再敷一层敷料，持续按压并将伤口抬高，以控制出血。如无活动性出血，则冲洗伤口，然后每隔 4 ～ 6 小时检查有无感染症状，用绷带轻轻包扎并固定伤口敷料。

◇ 感染症状：伤口周围出现肿胀；伤口有分泌物（流脓）；变色；伤口出现红色条纹。

出现骨折、脱臼、扭伤、拉伤时，可用夹板法固定损伤位置及其上部和下部的关节。出现此类损伤时，会出现肿胀。必要时松开过紧的衣服、脱掉鞋子及珠宝饰品，防止影响血液循环。

7 信息统计报送

当灾害事故发生时，灾情信息记录和传达对于制订和调整应急处置方案至关重要。这些信息包括灾害事故发展情况、现场状况、资源调配情况以及处置过程中遇到的突发情况。

1）信息统计

在一线开展应急处置的人员，即社区综合应急救援队各功能组组长，负责收集、汇总一线情况，包括事件地点、进场路线、支援点等。社区灾害信息员负责统计灾情信息。

应做记录		记录者
1	受损情况评估表	各行动小组
2	队员登记 / 签到表	后勤保障组 / 集结区待命人员
3	事件 / 任务跟踪日志	指挥部
4A	工作简报	指挥部
4B	行动日志	各行动小组
5	伤者治疗区记录表	医疗小组
6	通讯日志	通讯员
7	装备存货清单	后勤保障组

2）信息报送

社区综合应急救援队各功能组组长把信息直接提交给队长，队长负责将信息提供给指挥部（社区应急管理工作小组信息报告组）。如果指挥长和队长是同一人，也需要把信息分享给指挥部其他成员，以便其存档，为指挥部相关工作提供信息支持。社区灾害信息员应将经过社区应急管理工作小组审核的灾情信息报送至上级应急管理部门。

具体的灾情信息报送指标如下：

（1）灾害时间。

◇灾害发生时间：灾害发生的日期和时间，应采用公历年月日和24小时标准计时方式填写，注意校对准确时间。灾害发生时间一般准确到小时，地震、滑坡、泥石流等瞬时性自然灾害要准确到分钟。

◇灾害结束时间：灾害过程基本结束的日期，应采用公历年月日填写。灾情稳定后，损失不再继续扩大或者受灾区域内人员不再受到灾害的直接影响，即为灾害的结束时间。

（2）灾害种类。

判断灾害发生的种类，以最初发生的原生自然灾害为主要种类，各类次生灾害造成的损失应归类到原生灾害中。

（3）损失指标。

上报的指标包括受灾人口、农作物牲畜、倒损房屋和直接经济损失四个方面。

指标	序号	内容	数量	备注
受灾人口	1	受灾乡镇数量		
	2	受灾人口		
	3	因灾死亡人口		需建立台账
	4	因灾失踪人口		需建立台账
	5	因灾伤病人口		
	6	需紧急转移安置人口		

续表

指标	序号	内容	数量	备注
受灾人口	7	需紧急生活救助人口		
	8	需过渡性生活救助人口		
	9	因旱需生活救助人口		
	10	因旱饮水困难需救助人口		
农作物牲畜	1	农作物受灾面积		含农作物成灾面积、绝收面积
	2	草场受灾面积		
	3	因灾死亡大牲畜		
	4	因灾死亡羊只		
倒损房屋	1	倒塌房屋间数		含倒塌农房间数
	2	倒塌房屋户数		含倒塌农房户数
	3	严重损坏房屋间数		含严重损坏农房间数
	4	严重损坏房屋户数		含严重损坏农房户数
	5	一般损坏房屋间数		含一般损坏农房间数
	6	一般损坏房屋户数		含一般损坏农房户数
直接经济损失	1	农业损失		
	2	工矿企业损失		
	3	基础设施损失		
	4	公益设施损失		
	5	家庭财产损失		

注意事项：

① 灾害发生后，社区 / 村应第一时间上报乡镇 / 街道。

② 需要密切关注气象信息和媒体信息。积极与有关部门沟通，及时掌握灾害发生情况。

8 应急物资保障

应急物资的调运和分发在一定程度上决定了处置工作的成效。应急物资根据使用对象不同，分为两部分：一是针对受灾人群的物资，例如个人安全防护用具、救援工具、车辆、水和食物等；二是针对指挥团队的物资，例如办公用品、无线电通信等，这两部分的物资会有重合。物资保障组负责做好物资的调配、发放和归位工作。

1）应急物资的启用与接收管理

突发状况下的应急物资启用与接收包括如下情形：

◇ 自有物资：按照应急预案，社区在平时应为常见灾害事故储备应急物资。突发事件发生后，社区应根据预案启动社区自有的备灾物资、装备设备等应急物资，并按物资管理制度（参见应急物资管理小节内容）由专人负责管理。

◇ 社区内可调用资源：在突发事件等级达到应急预案预设的程度，或其他有需求的情况下，社区还可以根据应急预案及相关协议，启用社区内指定商家、企业的备用物资和资源（包括有协议的运输资源）。

◇ 外界援助物资：在突发事件的破坏程度达到社区无力独自应对的情况下，按应急预案可第一时间向上级部门发出求助信息。应急指挥部应指派物资保障组组织志愿者统计应急物资的需求信息，包括需求物资的规格、数量、质量标准、时间紧迫性等，及时向上级部门汇报，争取外部援助。随着应急处置的逐步推进和各种资源的启用，对应急物资需求的评估也要同步更新。需要注意的是，如果应急物资的需求已经得到满足或得到确切的供给承诺，应及时反馈该信息，以免造成资源浪费。

发生重、特大灾害事故后，社区通常会接收很多来自外界的物资援助，短期内应急物资的接收管理工作量可能远超物资保障组的负荷，需要紧急征集社区志愿者并有序组织相应工作，要注意：

◇物流协管：必要的情况下，启用社区备用仓库，指派专人负责疏通仓库道路、停车场，在必要的路口安排志愿者协管交通指引，同时在仓库安排专门的志愿者团队协助管理。

◇清点统计：指定专人负责物资数量的清点与统计，统计信息应尽量详细，包括物资规格（尺寸、容量、包装规格等）、数量、品牌、批次、捐赠方信息及捐赠反馈需求等（紧急情况下可以运用拍照、摄像等方式辅助记录应急物资的信息，不过要注意及时汇总整理这些图像/语音信息）。

◇出入库管理：对同类物资进行分类入库管理，对物资储存仓库进行进口与出口的分别管理，即使条件有限的情况下，也应尽量利用临时路障设施对同一出入口进行区分管理，分别由不同的人负责物资的入库工作和出库工作（同一人不得在同一时间既处理入库工作，又处理出库工作）。即便是急需物资，也应该分别完成入库和出库登记后，才能被分配使用。

◇仓库看守：对临时设置的应急物资储备点，要有专人负责看守，随时检查物资储存情况，避免物资受潮、霉变等，注意防火、防盗。

◇人员管理：物资接收、分类和管理工作是非常消耗人力及体力的工作，需要适当安排人员轮流休息，并安排专人负责工作人员的后勤补给工作，也需要专人尽量详细地统计所有响应人员及志愿者的出勤情况及服务时间。

2）应急物资的分配和使用

应急物资的分配和使用应遵循按需分配、公平、公开、照顾弱势群体等原则。要注意：

◇优先为孤儿、孤老、孤残人员及需要帮助的特殊人员提供应急物资。在物资有限的情况下，应公开优先分配物资的标准与实施细则，对弱势群体定向援助。

◇充分考量家庭人口数量、脆弱人群家庭、受灾程度以及发生灾害事故时是否在社区等各种情况，尽量按需求对应急物资进行公平分配。

◇公平对待社区综合应急救援队队员及参与响应的志愿者的家庭。

◇可以按照食品与粮食、饮用水、生活物资、住宿设施、医疗物资等分类方式分别管理应急物资的分配。对物资分配现场要有序管理，避免哄抢、重复领取等现象发生，必要时通过分发物资券的方式进行物资分配管理，避免因排队领取物资造成的混乱。

◇应完善物资分配的签收表。物资签收通常需要按户签收，部分针对特殊人群的物资需要本人或监护人签收。如果由居民小组 / 小区等代为签收的，应补充来自居民的签收。签收单也应该标注清楚签收物资的种类、品牌、规格、数量等信息。不同渠道或捐赠方的物资在分配时，尽量做到统筹分配但专门签收管理。

◇对于集中加工和供应的食物或粮食类物资，应由负责加工的队员统一签收和管理；用于公共应急行动的物资由使用者的责任人负责签收和管理使用。

◇对分配和使用的应急物资进行定期统计（一般按天统计），定期公示。

9 灾难心理援助

灾难发生后，受灾群众及社区综合应急救援队队员都可能存在灾难心理创伤。了解灾难心理的基本知识及应对方法，无论在社区综合应急救援队的响应管理方面，还是对受灾人群的服务方面都是必要的。

1）响应人员的心理防护

参与突发事件响应的社区综合应急救援队队员可能造成直接或间接心理创伤：

◇直接心理创伤——队员可能看到或听到极不愉快的甚至惨痛的事件画面、声音，从而忧虑不安。

◇间接心理创伤（也叫替代创伤）——队员可能会具有和受灾人员或幸存者类似的情绪情感反应，产生与其相同的痛苦感。替代创伤一般是由于一个人过于强烈地认同受害者创伤造成的。

<table>
<tr><th>症状类型</th><th>症状表现</th><th>自我减轻</th><th>同伴支持</th></tr>
<tr><td>可能的心理症状</td><td>• 急躁和易怒
• 自我责备或责备他人
• 孤独或退缩
• 害怕灾害事故再次发生
• 感到震惊、麻木或不知所措
• 感觉无助
• 情绪波动大
• 悲伤、沮丧和抑郁
• 否认或逃避
• 注意力不集中，记忆力变差及灾难画面经常回放
• 人际冲突或夫妻不和</td><td rowspan="3">• 了解灾难后可随之而来的创伤体验
• 告诉家人和朋友你所需要的帮助
• 当你需要的时候，听你的倾诉
• 不要逼你说话
• 不适合的处理方式：“我得想办法，让自己别再这样下去。”——过于担心。因为自己有了某些心理反应（比如失眠、噩梦、强烈的惊恐和悲伤）而误将其当作“病态”，从而刻意地去试图压抑，反而对自己没有好处；“我没事，我挺好的。”——隐藏感觉。更好的做法是试着把情绪讲出来，让周围的人一同分担；“怎样才能把这件事忘掉？”——试图遗忘。其实伤痛的停留是正常的，更好的方式是与我们的朋友和家人一同去分担痛苦</td><td>• 在响应前，做好团队成员的心理准备工作
• 牢记“社区综合应急救援队”是团队工作
• 保障足够的休息，并重整团队
• 安排团队成员离开灾害事故现场进行休整
• 适当饮食和饮水
• 安排团体心理减压的时间</td></tr>
<tr><td>可能的生理症状</td><td>• 食欲不振
• 头痛或胸闷
• 腹泻、胃痛或恶心
• 坐立难安或多动
• 酒精和药物用量增加
• 噩梦
• 失眠
• 疲劳或体能下降</td><td rowspan="2">• 安排团队成员的轮换岗位
• 安排团队成员逐步撤出响应工作状态</td></tr>
<tr><td>如何减少应激和压力</td><td>• 保证充足睡眠
• 规律的体育锻炼
• 健康的食谱
• 工作、娱乐与休息的平衡
• 允许自己获得帮助，同时也可为他人提供帮助
• 与他人有联结
• 使用精神资源</td></tr>
</table>

2）安慰受灾人员

灾难过后，幸存者会经历不同的情绪阶段，如下表：

影响阶段	灾难发生时
有些幸存者不会表现出恐惧情绪，表现为情感麻木	
记录阶段	灾难后
幸存者评估损失情况，尝试找到其他受灾人员，幸存者尝试自己恢复思维及行动能力	
营救阶段	紧急救援人员反应阶段
幸存者自愿协助应急服务人员搜救其他受灾人员	
恢复阶段	搜救后
幸存者可能会攻击救援人员，对后者表现出愤怒或责备	

注意事项：

不要把幸存者的表面态度当真。幸存者的反应大多是由于灾害事故心理影响造成的，并非由于所说或所做的任何事情。社区综合应急救援队队员应稳定受灾人员情绪，保障事故现场安全。

（1）稳定受灾人员情绪。

社区综合应急救援队队员应通过稳定受灾人员情绪来稳定整个应急处置现场的情绪，包括：

◇观察和评估受灾人员，确定其情绪反应状况，是否会对其自身或他人构成危险。

◇让未受伤的受灾人员来帮忙。让幸存者参与集体活动可帮助他们应对灾难心理创伤，因此应给他们分配一些有建设性的任务，如整理物品等。

◇ 帮助幸存者与那些能给他们提供精神支持的人取得联系，如家人、朋友等。

家人/朋友等可以通过以下方式提供支持：

◇听他们讲感受及生理需求。受灾人员常常需要倾诉他们的经历——需要愿意听的人。

◇对他们的疼痛与忧伤表达共情。让受灾人员感受到别人可以理解和分担他们的痛苦和哀伤。

（2）共情性倾听。

倾听受灾人员的倾诉。

◇根据自身过去相似的经历，试图想象说话者当前的感受。但是为了减少替代创伤，注意不要受到对方的情绪感染，而产生与对方相同的情绪情感。

◇倾听对方话语中表达出的情绪，而非仅仅听其言语内容。注意说话者的非语言信息，如肢体语言、面部表情和语音语调等。

◇对倾诉者的表述予以重述，确保完全理解倾诉者所说的内容，同时向倾诉者表示在倾听，从而促进沟通。

3）对遇难者的处置

社区综合应急救援队队员需协助专业人员处理在灾难现场发现的遗体和在治疗区死亡的受灾人员。

◇将遗体盖起来，尊重遗体；紧紧裹住残缺的遗体。

◇如果受灾人员在治疗区死亡，将遗体运送至临时停尸间。

◇ 如果伤员检伤分类时被标记为“黑色”，则留在灾难现场，不要移动。

◇依据当地法律法规和风俗处理遇难者。

◇与地方政府商量，制订处理计划。

有些时候，家人和朋友不知道或不愿意相信他们的家人或朋友已经在灾难中丧生，社区需要向家人和朋友通报死讯，必要时应将其转介至专业心理健康人员处进行处置。

◇将遇难者家庭成员和朋友与其他人分开，把他们带到安静、私密的地方。

◇有条件时尽量让他们坐下。

◇保持目光接触，使用平静、温和的语气。

◇用以下言语将死讯告知遇难者家庭成员和朋友。

“很遗憾地告诉您，你的家人（朋友）已经永远离开我们了，请节哀。”

◇（如果您知道）可以提及死者姓名或者死者与他们的关系。

◇允许遇难者家属和朋友进行哀悼。

10 统筹协调

灾害事故发生时，依据预案，社区可动员社区内及周边的社会力量参与应急处置工作。如果灾害事故破坏比较大，有外来社会力量参与救助，为确保救灾工作能够高效有序开展，在相关部门的指导下，社区应对本地区外来社会力量的直接及间接参与响应工作进行统筹协调管理。

1）社区内的社会力量统筹协调

社区在风险排查与应急预案制订中需要动员并统计社区内可提供应急资源与服务的社会力量，例如有运输资源的单位与个人、有特长的个人及团体、爱心商家及企业、志愿者及团队等。

按照应急预案，社区可以根据突发事件不同破坏等级，或实际需求，由专人负责动员并统筹社区内的社会力量资源，投入应急响应工作，需注意：

（1）安全原则。应在启动社会力量提供的资源、技术服务等之前，对建筑物、车辆、环境及人员自身的安全进行评估。重度破坏的建筑内即使有资源，原则上也不得冒险进入。对车辆等设备使用过程中的安全也需要加强保障，应遵循至少2人一组的方式开展工作。

（2）尊重和自愿原则。对于资源/技术等的拥有者或提供方，是否无偿提供资源或志愿服务应基于自愿原则，并充分尊重捐赠者或志愿服务者的意愿。

（3）保护原则。对提供志愿服务或资源服务的社会力量，应在应急资源分配等方面公平对待他们的家庭，并尽量为其提供防护装备、防护培训及短期保险，并合理安排轮岗制，让疲劳的志愿者得到休息与补给。

（4）统计与记录原则。对提供资源与服务的社会力量，应安排专人统计和记录类型、数量、规格、日期、过程、结果等信息，尤其对需要在应急状态解除后给予补偿的资源或服务，更要有专门的统计和记录，并完善财务资料。

2）外来援助社会力量的统筹协调

外来援助社会力量的类型、资源数量及质量、周期性、风险点等往往是难以预计的，不过社区可以通过地方政府相关单位（如民政局、慈善总会、红十字会等）提前与所在市县的社会组织、慈善基金会、物流公司、知名企业建立联系，在社区有突发事件发生并需要外界援助时，能够在最短的时间内获得相关资源方的支持。

当突发事件等级比较高时，社区可能会得到较多外来社会力量的援助，须要指派专人负责统筹协调工作，需要注意：

（1）外来援助社会力量通常需要通过政府应急指挥中心或下属部门统筹协调，经其授权或备案，再为社区提供援助，社区需核实其身份，并统计其援助信息和联系方式。对未经授权或备案的外来社会力量，应按照上级有关规定协助其完成备案，或更详细地统计记录其援助内容，及时上报上级指挥中心知晓。

（2）社区应了解外来援助社会力量能提供的援助内容、形式、数量及周期，为其提供必要的协助。

（3）对外来社会力量服务信息的统计要及时更新，并及时安排有经验的队员或志愿者对其援助的成效进行监测评估，并提出建设性的意见与建议。

（4）外来社会力量的援助终止或撤离时，应做好未尽事宜的安排，并留下能长期联络的联系人信息，同时及时向上级指挥中心报告其援助信息。

11 公共沟通

社区层面的公共沟通是指以公众利益为前提，利用多种沟通途径，把防灾减灾救灾相关信息传送给公众，消除误会和谣传，建立并维护社区和居民之间的健全和建设性的关系，进而更好地协同开展灾害事故预防和应对工作。

1）社区内的沟通

（1）对受灾居民的直接沟通应充分考虑其心理状态，参见灾难心理小节。

（2）在应急避难场所、应急物资仓储/发放点等场地，应开辟临时的信息公开栏，及时发布灾害事故应对的管理措施、志愿者需求、资源需求、资源分配/领取方式、社会力量服务信息等内容。

（3）设置居民需求/建议意见的收集箱/在线反馈渠道，接收居民的信息反馈并由信息组人员或志愿者负责定期整理归类、进行反馈。

（4）对社区内没有受灾的居民，社区也有必要定期通过正式渠道（公告栏、公众号、自有网站等）对事件发生的原因、后果、处置方式与结果等进行披露，以防小道消息或谣言的肆意传播。

（5）通过正式渠道披露或发布社区应急响应过程中的物资耗损、人员投入、应急资源分配、安置与重建政策等各种涉及居民切身利益的事项，并安排负责人为有需要的居民进行解释，必要的情况下需安排志愿者与接收信息不便的脆弱人群专门沟通。

（6）社区应急指挥部及志愿者救援队都应按照应急预案中关于信息发布的规定进行信息发布，并在必要的时候，协助上级主管部门进行公开辟谣，同时要注意保护相关人员的隐私信息。

（7）当不实信息在居民间传播的时候，社区应及时制止，并在必要的时候，协助上级主管部门进行公开辟谣。

（8）应急状态下接收、发布的信息都应备份存档。

2）舆论引导

（1）按应急预案约定，社区应有固定的新闻发言人，且通常由社区负责人或社区应急管理工作小组组长担任，所有媒体采访的应对应由新闻发言人承担，其他人未得到授权的情况下不得擅自接受采访。

（2）如果是上级部门介绍的记者采访，社区应与上级部门沟通，提前准备数据与事实资料，积极配合。

（3）通常情况下，如果记者询问的是社区网站上的公开信息、已经正式发布过的信息或大家都知道的信息，新闻发言人应给予肯定的答复；但如果是不能回答、不敢回答或未被授权的信息，可以告诉对方能给予他答复的上级部门发言人信息，且不再直接回答该问题。

（4）经上级部门审核后，对明确身份的记者，社区为之提供的信息和回答的问题应留下备份资料或录音，并留下记者的联系方式，尽量在新闻报道发稿前预约审核稿件信息。

（5）如遇到任何媒体应对方面的问题，应及时上报上级指挥中心知晓并处置。

12 善后处置

应急处置工作结束后，社区负责协助相关部门，在既定时间内开展善后处理工作，协助受灾企业和用户尽快恢复正常生产生活，按照政府相关规定对受灾群众进行救助、抚恤等。善后处理是灾害事故转危为安、后续开展灾后重建工作的基础性工作之一。

1）针对受灾群体

（1）恢复生产生活。

在必要的情况下，争取公共资源与社会力量的援助，组织开展灾后恢复重建的工作，包括水、电、路、通信等基础设施建设，住房等重建，灾后隐患点工程治理，生态恢复，生计发展与脆弱群体帮扶等内容。

（2）实施救助和抚恤。

◇灾害事故发生时，社区协助有关部门勘察受灾人口和房屋倒损数目，并按照要求将统计信息上报应急管理部门；灾害事故发生后，协助开展灾后救助和救灾款物发放以及管理工作。指派相关人员做好信息收集、管理和存档工作。

◇动员组织社会力量，为受灾群体和参与应急响应的工作人员提供心理疏导和咨询服务，帮助受影响人群尽快恢复正常生活；特别关注社会脆弱群体的心理创伤恢复。

（3）社会沟通工作。

◇做好公共沟通工作。

◇联合社会力量，组织开展防灾减灾宣传教育工作；加强受灾群众的防范和应对意识，预防或降低次生灾害事故带来的伤害。

（4）善后评估工作。

◇ 在相关部门的指导下，开展善后评估工作，协助改进善后工作，尽快恢复灾区的社会秩序。

2）针对指挥团队（社区应急管理工作小组）

（1）响应人员与志愿者的逐步撤离：参与响应工作的队员与志愿者往往在应急状态解除后处于极端疲惫而又松懈的状态，反而容易出现影响安全或健康的行为，作为指挥长或队长，应逐渐安排人员退出应急状态，并对善后工作提出明确的任务要求和时间限制。

（2）应急物资 / 设施设备的清理：包括对个人防护装备、公共应急设施设备的检查、消杀、维修或报废处理；对应急避难场所、医疗点、指挥中心等场地的清理、检查、还原及修护。

（3）数据与信息的复核和统计：应急状态下的信息记录、数据统计往往不完整或不规范，在应急状态解除后，应第一时间由信息组牵头对所有数据和信息进行复核和统计，以作为财务结算和应急工作总结的重要内容之一。

（4）财务处置：应按照财务管理规范及时完成应急阶段的财务结算工作，尤其对应急状态下启用的社区内社会资源的结算以及涉及社区居民切身利益的事项应及时完善财务资料，以供专项审计。

（5）应急工作总结：包括文字资料、原始凭证、图片与影像资料等的搜集、整理、建档管理；撰写应急工作总结报告。

（6）鸣谢与表彰：对参与响应的队员、提供志愿服务的人员及团队、资源提供方及援助方等出具志愿服务证明、感谢函等。

（7）应急工作复盘与预案修订：基于应急工作的总结，召集参与响应的人员、志愿者、居民代表及相关单位专业人士，对应急工作进行复盘，并有针对性地对应急预案进行修订管理。

手册参考资料：

深圳壹基金公益基金会《壹基金安全家园项目手册》；

亚洲基金会《“社区应急响应队”基础培训教官手册》、《“社区应急响应队”基础培训学员手册》。

附件1 日常管理和应急处置人员配置

日常管理	风险排查	□ 组长 □ 预警发布组 □ 隐患排查组 □ 信息报告组 □ 社区综合应急救援队
	社区风险地图绘制	□ 社区应急管理工作小组 □ 社区综合应急救援队
	隐患治理	□ 组长 □ 隐患排查组 □ 信息报告组 □ 社区综合应急救援队
	脆弱人群管理	□ 组长 □ 隐患排查组 □ 转移安置组 □ 医疗救护组 □ 物资保障组 □ 信息报告组 □ 社区综合应急救援队
	外来务工人员管理	□ 组长 □ 隐患排查组 □ 转移安置组 □ 医疗救护组 □ 物资保障组 □ 信息报告组 □ 社区综合应急救援队
	应急预案管理	□ 社区应急管理工作小组 □ 社区综合应急救援队
	应急演练	□ 社区应急管理工作小组 □ 社区综合应急救援队
	宣传培训	□ 组长 □ 宣传教育组 □ 医疗救护组 □ 信息报告组 □ 治安交通组 □ 社区综合应急救援队

应急处置	物资储备和管理	□ 组长 □ 物资保障组 □ 社区综合应急救援队
	应急避难场所管理	□ 组长 □ 物资保障组 □ 社区综合应急救援队
	社会力量参与	□ 组长 □ 物资保障组 □ 信息报告组 □ 社区综合应急救援队
	发挥灾害保险作用	□ 组长 □ 物资保障组 □ 信息报告组 □ 社区综合应急救援队
	预警信息接收	□ 组长 □ 预警发布组 □ 信息报告组 □ 社区综合应急救援队
	预报预警发布	□ 组长 □ 预警发布组 □ 信息报告组 □ 社区综合应急救援队
	现场指挥	□ 社区应急管理工作小组 □ 社区综合应急救援队
	转移安置	□ 组长 □ 转移安置组 □ 社区综合应急救援队
	简单搜索与营救	□ 组长 □ 转移安置组 □ 社区综合应急救援队
	院前医疗	□ 组长 □ 医疗救护组 □ 社区综合应急救援队
	信息统计报送	□ 组长 □ 信息报告组 □ 社区综合应急救援队

应急处置	应急物资保障	□ 组长 □ 物资保障组 □ 社区综合应急救援队
	灾难心理援助	□ 组长 □ 治安交通组 □ 社区综合应急救援队
	统筹协调	□ 社区应急管理工作小组 □ 社区综合应急救援队
	公共沟通	□ 组长 □ 社区综合应急救援队
	善后处置	□ 组长 □ 治安交通组 □ 社区综合应急救援队

注：社区可以根据自身实际职能岗位情况，增减岗位职责并进行人员配置调整。

附件 2 社区应急物资储备参考清单

1. 社区志愿者救援队的防护及单兵装备

名称	规格 / 要求	是否必备
队服	带反光条、劳保服饰	可选
反光标识背心	鱼尾纹布＋荧光布	必备
防护劳保鞋	防砸防刺穿	必备
背包＋罩布	帆布材质，长 28cm、宽 16cm、高 47cm，另加防水罩布	必备
安全帽	质量合格	必备
防滑手套	750G 的点珠手套	必备
防护手套	厚实耐磨防砸防刺穿	必备
口哨（金属）	材料：铝合金；规格：不带圈长度 4.6cm 口哨外径 0.9cm	必备
现场操作手册	防水、易翻页检索的图文现场操作手册	必备
现场信息记录表单及记号笔、炭笔、签字笔	含便携式文件夹、记录笔、制式信息表单	必备

续表

名称	规格 / 要求	是否必备
手电 / 头灯	防水强光充电	可选
雨衣（劳保款）	可重复使用，经久耐用	可选
雨鞋	中筒雨靴，易耗产品	可选
护目镜	防尘防飞溅	必备
防水应急医疗包	经济适用，崭新，保质期相对较长，小件齐备（内含医用剪刀、镊子、三角巾、X4 绷带、纱布、急救毯、创可贴、医用手套、医用口罩、消毒液、消毒棉签、碘伏棉签、安全别针、PE 胶带、即用冰袋、消毒湿巾等）	必备

2. 应急救援及指挥物资

名称	规格 / 要求	是否必备
警戒带	加厚涤纶，宽度为 5cm × 100m，黄白相间，红色文字“警戒线”	必备
警示柱	70cm 橡胶反光堆，橡胶材质	必备
扩音器	110dB、手持、可充电型	必备
指挥棒	LED 警示指挥棒	必备
手摇报警器 / 铜锣	手摇报警器要配支架，铜锣直径 50cm 以上	必备
脊柱板担架		可选
对讲机	10W 大功率对讲机，覆盖范围 10km	可选
移动探照灯	LED 防水功能	可选
移动发电机	功率自选	可选
帐篷		可选
消防栓	自选	可选
撬棍	自选	可选
消防斧	自选	可选
千斤顶	自选	可选
液压钳	自选	可选
应急箱	简单耐用的组装货架	可选
其他常见应急工具	铁铲、水桶、救援绳、人字梯、五金工具箱、电笔……	可选

3. 演练及培训工具

名称	规格 / 要求	是否必备
医疗口罩	最好是头戴式口罩	必备
医疗手套	丁腈手套	必备
敷料	用卷筒纸模拟	必备
医用绷带	5cm 宽	必备
医用三角巾	带绳的三角巾	必备
废纸箱	长度大于 30cm	自备
检伤分类卡	打印版	必备
剃须膏泡沫	瓶装	必备
假血	1L	可选
便携灭火器	4kg	必备
应急指挥袖章	2 套	可选
自制担架的物料	竹竿、床单、毛毯等	可选
检伤分类布	1m × 1.5m	可选
发烟饼		可选
叠木	5cm × 45cm	可选
撬棍	1.5m 以上	必备
千斤顶	折叠型	可选
体操垫	模拟重物（可用餐桌桌面）	可选

4. 常见社区应急储备物资

折叠床、棉絮、粮油、锅碗等生活用具，棉大衣、防潮垫、彩条布等应急储备物资。

5. 社区综合应急救援队的装备及物资管理

无论是简单的还是高级的装备，都需要通过维护和保养来维持通勤率，良好的装备通勤率是队伍应急能力的重要指标。

装备管理的要点主要有：装备有效期管理、破损评估、老化评估、用电设备维护、存储环境维护等。如医疗耗材等，需要定时淘汰、更新；个人防护装备如有破损，需要评估是否会影响防护性能；绳索、滑轮、安全带、头盔等材质都有老化期限和存储要求；对讲机、探测仪等充放电的具体要求。

社区综合应急救援队的物资管理制度需要由全体队员共同制订，重点考虑如下要点：

◇公共物资的固定资产登记：公共应急物资需要按固定资产登记造册，纳入社区公共资产进行统一管理。

◇个人防护装备/工具的分配方案：原则上，个人防护装备是要分配到每个队员使用的，但很多队伍的个人防护装备/工具是由社区统一管理的，到底采用哪种方式既能充分激励队员的积极性，又能妥善管理物资并发挥最大效用，需要队伍及社区管理者共同协商制订。

◇物资管理专岗：确定物资管理的专人制度，并具体落实到人，明确其责任与权限。

◇物资维护/使用办法：包括日常维护、借出登记、使用安全和维护、归还检查和登记等。

◇物资损失/丢失处理办法：包括公共物资和个人物资，易损品、消耗品等不同物资，在耗损、丢失、过期等情况下，如何处理。

附件3 通用救援记录表

通用救援记录表					
发生时间 时 分	年 月 日	区域范围	全社区或某 区域位置	记录人	
	时 分			联系电话	
灾害 种类	火灾□ 洪灾□ 泥石流□ 滑坡□ 地震□ 台风□ 其他________				
灾情 简介	简要描述，详细请填写《灾情信息报告表》				

续表

救援队员信息							
职务	小队长	副队长 安全员	通信员 记录员	搜救员 1	搜救员 2	搜救员 3	搜救员 4
姓名							
电话							
签到 / 签退							

采取的行动					
行动 1		过程		结果	
行动 2		过程		结果	
行动 3		过程		结果	

其他现场情况描述				
遗留的问题与困难				
伤员情况	可行走	轻伤延迟处理	致命仍有希望	无呼吸
救出人数				
未救人数				

附件 4 人力资源签到（统计）表

表 1 人力资源签到（统计）表

发生时间	年 月 日 时 分	队伍名称				记录人 联系电话		
姓名	证件号	电话	救援相关技能				分派到小组	签到时间	签出时间
			消防	医疗	搜救	其他			

续表

特殊情况记录									
清点时间	月 日 时		月 日 时		月 日 时		月 日 时		
人员情况	应到 人/实到 人		应到 人/实到 人		应到 人/实到 人		应到 人/实到 人		
清点人			复核人				第 页/共 页		

附件 5 装备清单（统计）表

表 2 社区应急志愿者救援队－装备清单（统计）表

发生时间	年 月 日		队伍名称		记录人			
	时 分				联系电话			
任务内容	物品名称	所有者	发放给	状态	数量	时间	签名	备注
				发出				
				归还				
				发出				
				归还				
				发出				
				归还				
				发出				
				归还				
				发出				
				归还				

续表

				发出				
				归还				
				发出				
				归还				
				发出				
				归还				
				发出				
				归还				
特殊情况记录								
清点人		复核人		第　页/共　页				

附件 6 通讯日志

表 3　通讯日志

记录日期	年　月　日	队伍名称		通讯员	
				联系电话	
时间	发送给	接收至	信息/指令内容	信息/指令反馈	
年　月　日　时　分					
年　月　日　时　分					
年　月　日　时　分					
年　月　日　时　分					
年　月　日　时　分					
年　月　日　时　分					
清点人		复核人		第　页/共　页	

附件7 伤员处置区记录表

表4 伤员处置区记录

<table>
<tr><td rowspan="2">记录日期</td><td rowspan="2">年 月 日</td><td rowspan="2">队伍名称</td><td rowspan="2"></td><td>记录人</td><td></td></tr>
<tr><td>联系电话</td><td></td></tr>
<tr><td>处置区位置</td><td colspan="2"></td><td>处置人员</td><td colspan="2"></td></tr>
</table>

检入时间	姓名或描述	检伤分类	情况、处置与更新状态	转移至	检出时间
		红□ 黄□ 绿□			
		红□ 黄□ 绿□			
		红□ 黄□ 绿□			
		红□ 黄□ 绿□			
		红□ 黄□ 绿□			
		红□ 黄□ 绿□			
		红□ 黄□ 绿□			
		红□ 黄□ 绿□			

续表

		红□ 黄□ 绿□			
		红□ 黄□ 绿□			
无呼吸情况记录 | 黑色□					
清点人		复核人		第 页 / 共 页	

附件 8 任务简报

表 5 任务简报

记录日期	年 月 日		队伍名称			记录人		
						联系电话		
灾害种类	火灾□ 洪灾□ 泥石流□ 滑坡□ 地震□ 台风□ 其他 ________							
任务位置				任务起始时间		年 月 日 时 分		
				任务结束时间		年 月 日 时 分		
上级指挥联系人				物资装备使用情况				
队员情况（人）			搜救情况		伤员救援情况（人）			
签到人数	签退人数	其他	搜救总数	救出人数	可行走	轻伤	有希望	无呼吸
行动目标								

<table>
<tr><td colspan="5">队伍行动日志（每个行动时间、如需要可画图）</td></tr>
<tr><td colspan="5"></td></tr>
<tr><td colspan="5">行动结果（处理结果、物资损耗、遗留问题、其他）</td></tr>
<tr><td colspan="5"></td></tr>
<tr><td>清点人</td><td></td><td>复核人</td><td></td><td>第　页 / 共　页</td></tr>
</table>